# ACUPUNTURA

## Desenvolvendo a Técnica de Bombeamento Iônico de Dr. Manaka

**Dados Internacionais de Catalogação na Publicação (CIP)**
**(Câmara Brasileira do Livro, SP, Brasil)**

Acupuntura : desenvolvendo a técnica de bombeamento iônico de Dr. Manaka / Tetsuo Inada...[et al.]. — 2ª edição. — São Paulo: Ícone, 2012.

Outros autores: Takashi Jojima, Ruy Yukimatsu Tanigawa, Alexandre Massao Yoshizumi
Bibliografia.
ISBN 85-274-0824-4
ISBN 978-85-274-0824-0

1. Acupuntura 2. Bombeamento iônico 3. Manaka, Yoshio, 1911-1989 I. Inada, Tetsuo. II. Jojima, Takashi. III. Tanigawa, Ruy Yukimatsu. IV. Yoshizumi, Alexandre Massao.

05-3849                                         CDD-615.892

**Índices para catálogo sistemático:**

1. Acupuntura : Técnica de bombeamento iônico : Terapêutica    615.892

Tetsuo Inada
Takashi Jojima
Ruy Yukimatsu Tanigawa
Alexandre Massao Yoshizumi

# ACUPUNTURA

## Desenvolvendo a Técnica de Bombeamento Iônico de Dr. Manaka

2ª edição
Brasil – 2012

Ícone editora

© Copyright 2012
Ícone Editora Ltda.

**Capa**
Richard Veiga

**Diagramação**
Andréa Magalhães da Silva

**Revisão**
Rosa Maria Cury Cardoso

Proibida a reprodução total ou parcial desta obra,
de qualquer forma ou meio eletrônico, mecânico,
inclusive através de processos xerográficos,
sem permissão expressa do Editor.
(Lei nº 9.610/98)

Todos os direitos reservados para
**ÍCONE EDITORA LTDA.**
Rua Anhanguera, 56 – Barra Funda
CEP: 01135-010 - São Paulo - SP
Telefax: (11) 3392-7771
www.iconeeditora.com.br
iconevendas@iconeeditora.com.br

# *Agradecimentos*

Agradecemos ao Sr. Tomoichi Sogo pelos incentivos prestados na publicação desta obra, aos Engenheiros Rubens Costa e Roberto Rodrigo Guerreiro, pelas valiosas informações sobre o funcionamento do Diodo e ao Sr. Gilmar Ferreira Vita pela digitação e organização deste livro.

# Índice

Introdução, 9

1. A Biografia do Dr. Manaka, 11

2. Fio Diodo, 13
    O que é Fio Diodo de Dr. Manaka?, 13
    Tipos de Fio Diodo, 15
    Como utilizar o Fio Diodo de Dr. Manaka?, 16
    O que é Diodo?, 17
    Condições de polarização de um Diodo, 21
    Teoria do Dr. Manaka sobre o "Bombeamento Iônico", 22
    Comportamento do Fio Diodo, 24
    Cuidados necessários na utilização do Fio Diodo, 30
    Tempo de indução, 31
    O que é DDP?, 32

3. Tratamentos, 33
    Quais são as patologias que podem ser tratadas com o Fio Diodo?, 33
    Existe alguma contra-indicação do uso de "Bombeamento Iônico"?, 35

4. Utilização do Fio Diodo no Sistema de Canais Principais, 37
    Esquema de ligação do "Bombeamento Iônico" nos Canais Principais, 38

5. Utilização do Fio Diodo no Sistema de Canais Distintos, 43
    Canais Distintos, 44
    Características e funções dos Canais Distintos, 44

Os trajetos dos Canais Distintos e as Seis Confluências, 45
Sintomatologia dos Canais Distintos, 57
Diagnóstico dos Canais Distintos, 58
Conexão dos terminais do Fio Diodo no sistema de Canais Distintos, 62
Esquema de ligação do Fio Diodo no sistema de Canais Distintos, 63
Vantagens do tratamento pelos Canais Distintos, 70

6. Utilização do Fio Diodo no Sistema de Canais Curiosos, 71

7. Casos Clínicos, 75

8. Comentários, 81
Se a técnica de "Bombeamento Iônico" não funcionar, o que fazer?, 84

Referências Bibliográficas, 85

# *Introdução*

Desenvolvida pelo Dr. Yoshio Manaka, na década de 1940, o *"Bombeamento Iônico" (Íon Pumping)* é uma excelente técnica que pode ser utilizada como coadjuvante e complemento da Acupuntura. Para essa finalidade o Dr. Manaka preparou um fio que permite a passagem de corrente elétrica em um só sentido (retificador de corrente elétrica ou fio de via única), utilizando um dispositivo eletrônico chamado Diodo Semicondutor que foi inventado por J. Ambroise Fleming em 1905. Esse fio recebeu o nome de Fio Semicondutor, Fio Diodo ou Cabo Diodo. Hoje em dia, com o avanço da eletrônica, é possível preparar um Fio Diodo cada vez melhor.

Na realidade, por questões semânticas, essa técnica deveria ser chamada de *"Bombeamento Eletrônico" (Electron Pumping)* uma vez que, os elétrons é que são transferidos ou conduzidos por esse fio ao invés de íons.

A utilização do Fio Diodo como coadjuvante e complemento da Acupuntura permite uma resposta terapêutica mais rápida, mais eficaz e diminui o número de agulhas a serem utilizadas por sessão. Em outras palavras, há uma otimização dos resultados terapêuticos quando se associa o "Bombeamento Iônico" à Acupuntura.

Devido à escassez de literatura sobre essa técnica e as poucas existentes são do próprio Dr. Manaka, ainda em língua japonesa, resolvemos publicar a teoria do *"Bombeamento Iônico"* baseada em nossas experiências clínicas obtidas em consultórios médicos.

Estamos cientes de que é necessário realizar pesquisas científicas nas Universidades ou Instituições de Pesquisa com o auxílio da Engenharia Eletrônica. Mesmo convencidos da necessidade de um estudo mais profundo sobre o assunto, resolvemos divulgar tudo do pouco que sabemos para que outras pessoas continuem na investigação dessa maravilhosa técnica.

Até o momento não sabemos como a técnica do *"Bombeamento Iônico"* funciona sobre os Canais de Energia (Principais, Distintos e Curiosos). Teoricamente o Fio Diodo deve funcionar como uma via acessória (*By pass*) na condução de *Qi* ou, se os elétrons são conduzidos ou bombeados por fio em um sentido contrário ao sentido da circulação do *Qi* no Canal de Energia, deve, desse modo, forçar o *Qi* circular no Canal como se estivesse fechando um circuito.

MANAKA *et al.* (1995) citam a dificuldade de se medir a corrente do circuito que se forma entre as duas agulhas inseridas na pele e conectadas ao Fio Diodo, uma vez que poderia haver interferência ou introdução de carga ou corrente do próprio aparelho medidor. Mesmo o galvanômetro que é medidor de corrente elétrica de baixíssima intensidade pode causar interferência, o que dificulta o entendimento da teoria em questão.

Enfim, o Dr. Manaka utilizou a Conexão de Fio Diodo no sistema de Canais de Energia com intenção de movimentar o *Qi*.

# A Biografia do Dr. Manaka

O Dr. Yoshio Manaka foi um grande gênio da Medicina que viveu no século XX no Japão e divulgou a importância da Acupuntura e Moxabustão dentro da Sociedade Médica Japonesa. Chefiou a Federação Médica de Pesquisa da Medicina Oriental e foi venerado pelos acupunturistas famosos do Japão, da China e também da Europa. Desencarnou aos 78 anos de idade, no dia 20 de novembro de 1989[9].

O Dr. Manaka, além de ser médico, foi poeta, escritor, artista e pesquisador. Escreveu livros sobre Acupuntura, além de romances. Como artista pintou o Imperador Shen Nong em pergaminho de aquarela[2].

Dominou vários idiomas e o seu alto conceito entre os líderes políticos chineses fez com que mediasse pessoalmente o intercâmbio cultural entre o Japão e China, mesmo quando não havia relações diplomáticas entre esses dois países. Nessa época os editores japoneses propiciaram edições para a língua japonesa, traduzindo os melhores textos chineses sobre Acupuntura e Moxabustão[2].

Durante a Segunda Guerra Mundial o Dr. Manaka prestou serviço militar como cirurgião do exército japonês e foi enviado para cumprir sua missão na Ilha de Okinawa, onde acabou sendo prisioneiro de guerra, e teve que tratar os soldados feridos, principalmente aqueles com queimaduras graves, sem os suprimentos necessários. O Dr. Manaka era extremamente criativo e ficou famoso pelas engenhocas que ele inventava. As invenções eram típicas de uma reação criativa à frustração diante das crises econômicas durante a guerra e pós-guerra, mas sempre deixava aflorar as suas habilidades médicas[2].

Como pesquisador, sempre se empenhou na tentativa de explicar os fundamentos da Medicina Tradicional Chinesa com bases racionais e científicas.

Baseado na teoria de que lesões provocadas por queimadura acumulavam íons potássio (K+) em conseqüência da destruição da membrana celular e que esse acúmulo era responsável pela dor e demora na cicatrização da ferida, desenvolveu uma técnica bastante simples para o alívio da dor e acelerar o processo de cicatrização das feridas causadas por queimadura. Para tal finalidade desenvolveu um fio de via única contendo um Diodo.

O primeiro caso tratado por ele foi uma criança com queimadura, na Clínica da cidade de Odahara, Japão, que mesmo após todo o tratamento para a queimadura, a criança não parava de chorar devido muita dor que sentia[9]. O Dr. Manaka considerou que a dor forte era devido ao acúmulo de íons potássio (K+) liberados pela ruptura da membrana celular causada pela queimadura. O mesmo deve acontecer com outros tipos de lesão, causada pelo traumatismo ou contusão, com liberação, além dos íons de potássio (K$^+$), dos íons de sódio (Na$^+$), cálcio (Ca$^{++}$) e outras substâncias algogênicas, responsáveis pelos estímulos nociceptivos.

# Fio Diodo 2

## O QUE É FIO DIODO DE DR. MANAKA?

Com a intenção de transferir o excesso de íons potássio da área lesada pela queimadura a uma outra área do corpo de tecido normal, o Dr. Manaka idealizou um fio que permite o fluxo de elétrons em um único sentido. Esse fio pode ser denominado de Fio Semicondutor, Fio Diodo ou Cabo Diodo e possui em uma das extremidades um terminal vermelho (negativo) e em outra um terminal preto (positivo) (Fig. 1).

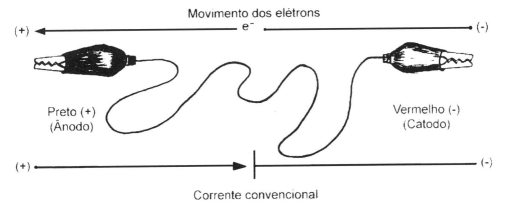

**Figura 1 -** Fio Diodo de Dr. Manaka.

No terminal vermelho encontra-se embutido, por dentro, uma peça minúscula denominada Diodo Semicondutor (Fig. 2).

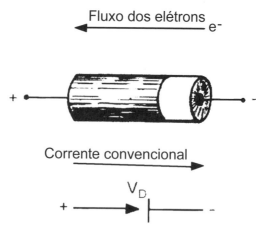

**Figura 2** - Diodo semicondutor.

O Diodo apresenta dois pólos: um positivo e outro negativo. O pólo negativo do Diodo está ligado ao metal do terminal negativo ("clip")* e o pólo positivo do Diodo é ligado ao fio condutor (de cobre, prata ou qualquer outro material que seja um bom condutor de eletricidade) de aproximadamente dois metros de comprimento, onde a outra extremidade desse fio é conectada ao metal do terminal positivo ("clip") (Fig. 3).

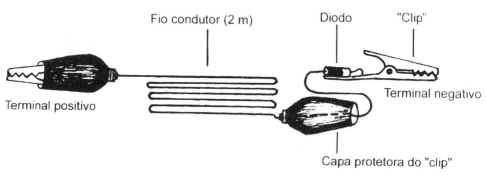

**Figura 3** - Fio Diodo de Dr. Manaka, mostrando o Diodo no terminal negativo.

**Nota**: Na Eletroacupuntura o ânodo é representado pelo terminal vermelho, enquanto o cátodo é representado pelo terminal preto.

---

* Conhecido popularmente como "garra do jacaré".

## TIPOS DE FIO DIODO

1. Fio Diodo Simples - apresenta um terminal preto (positivo) e um terminal vermelho (negativo) (Fig. 4).

**Figura 4 -** Fio Diodo Simples.

2. Fio Diodo Duplo Preto - com dois terminais pretos (positivo) e um terminal vermelho (negativo) (Fig. 5).

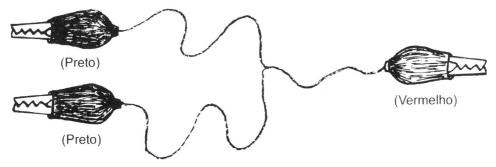

**Figura 5 -** Fio Diodo Duplo Preto.

3. Fio Diodo Duplo Vermelho - com um terminal preto (positivo) e dois terminais vermelhos (negativo) (Fig. 6).

**Figura 6 -** Fio Diodo Duplo Vermelho.

Existem Fio Diodo Triplo Preto e Triplo Vermelho com a finalidade de tratar uma área maior do corpo.

## COMO UTILIZAR O FIO DIODO DE DR. MANAKA?

Para um simples tratamento de dor causada por traumatismo (sem fratura óssea), basta inserir uma agulha no ponto doloroso (*Ashi*) ou no ponto adjacente a área da dor e outra agulha no ponto distante, e conectar o terminal positivo (preto) no ponto doloroso (*Ashi*) e o terminal negativo (vermelho) na outra agulha inserida no ponto distante (Fig. 7).

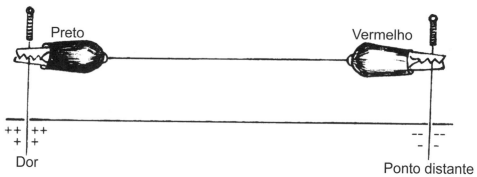

**Figura 7** - Utilização do Fio Diodo para o tratamento de dor.

Nos tratamentos de paresia e parestesia deve-se inverter a polaridade do Fio Diodo, isto é, conectar o terminal vermelho (negativo) na agulha inserida no ponto localizado na área com paresia ou parestesia, enquanto o terminal preto (positivo) deve ser conectado na outra agulha inserida no ponto distante (Fig. 8).

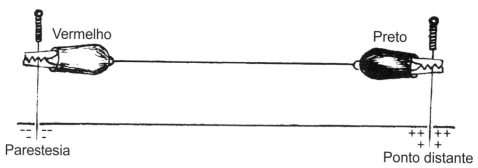

**Figura 8** - Utilização do Fio Diodo para o tratamento de parestesia.

Para que o tratamento pelo Fio Diodo seja mais eficaz, deve-se classificar a dor em tipo Yang e Yin. Nem toda a dor é devido ao excesso de cargas positivas no tecido, podendo ocorrer também na falta de cargas positivas ou excesso de cargas negativas.

A dor do tipo Yang é devido ao aumento de cargas positivas ou falta de elétrons (cargas negativas), como observou o Dr. Manaka. A dor do tipo Yang é de caráter agudo, em pontadas, com contraturas, rigidez, piora a compressão, etc. Então, nesse caso, inserir a agulha e conectar o terminal preto do Fio Diodo com a finalidade de sedar.

A dor do tipo Yin é devido ao aumento de cargas negativas ou falta de prótons (cargas positivas) e tem caráter crônico, profunda, contínua, com flacidez, hipotonia, alivia a compressão ou ao invés de dor, pode apresentar hipoestesia ou parestesia. Então, deve-se inserir a agulha e conectar o terminal vermelho do Fio Diodo com a finalidade de tonificar.

## O QUE É DIODO?

Inventado por J. Ambroise Fleming em 1905, é feito com uma base de Silício (Fig. 9) ou Germânio (Fig. 10), constituindo o material tipo *n* e *p*, cuja composição permite um fluxo unidirecional de corrente elétrica através do fio condutor, criando parte de um circuito[3,10]. Tanto o material tipo *n* quanto o do tipo *p* são constituídos em uma base de elemento Silício (Si) ou Germânio (Ge), na qual é adicionado um número determinado de átomos de impureza (uma parte por milhão), quantidade suficiente para modificar as propriedades elétricas do material[3].

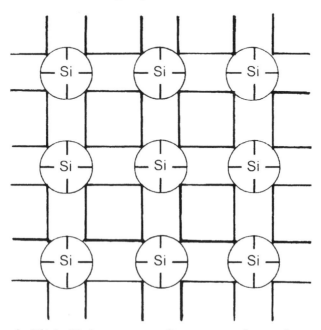

**Figura 9 -** Base de Silício ($Si_4$-) com quatro ligações covalentes de seus átomos.

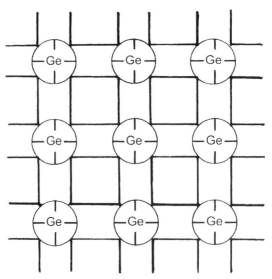

**Figura 10** - Base de Germânio (Ge$_4$-) com quatro ligações covalentes de seus átomos.

No material tipo *n* em base de Silício (Si$_4$-), que contém quatro ligações covalentes, se for adicionado o Antimônio (Sb$_5$-) com cinco elétrons de valência como elemento de impureza (Fig. 11), vai existir contudo, um quinto elétron adicional que estará dissociado com qualquer ligação covalente. Em outras palavras, esse elétron está livre para mover-se dentro do material tipo *n*[3].

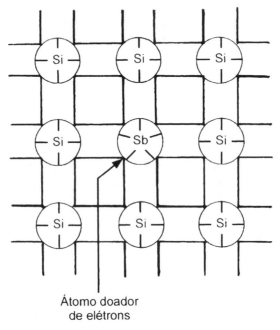

Átomo doador
de elétrons

**Figura 11** - Material do tipo *n* com impureza (Antimônio).

O Antimônio (Sb$_5$-), com cinco elétrons de valência, é chamado de doador de elétrons. No lugar do Antimônio pode ser utilizado o Arsênio (As$_5$-) ou Fósforo (P$_5$-), que também têm cinco elétrons na última camada do átomo[3].

No material tipo *n* o elétron é chamado de portador **majoritário** e o vazio de prótons é chamado de portador **minoritário**.

No material tipo *p*, também em base de Silício (Si$_4$-), que contém quatro ligações covalentes, se for adicionado átomo de impureza como o de Boro (B$_3$-), com três elétrons, vai faltar um elétron no conjunto, constituindo assim, uma lacuna que será representada pelo sinal positivo, devido à falta de carga negativa[3] (Fig. 12).

No material tipo *p*, o elétron é chamado de portador **minoritário** e o vazio de elétrons é chamado de portador **majoritário**.

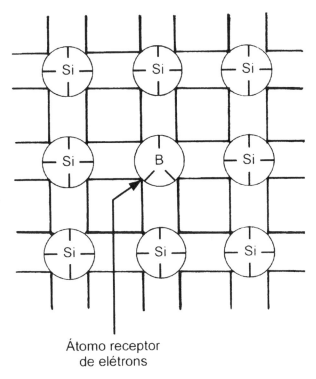

Átomo receptor de elétrons

**Figura 12** - Material tipo *p* com impureza (Boro).

Em resumo, o Diodo Semicondutor é formado simplesmente, juntando-se os materiais tipo *n* e *p* (construídos em base de Silício ou Germânio)[3] (Fig. 13).

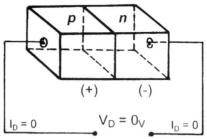

**Figura 13** - Junção dos materiais tipos *n* e *p* para constituir o Diodo Semicondutor*.

Um Diodo ideal é aquele que conduz corrente somente em um sentido. Em outras palavras, o Diodo ideal é um dispositivo que apresenta dois terminais, um positivo (aceitador de elétrons) e outro negativo (doador de elétrons) (Fig. 14) e tem o símbolo característico ou representação esquemática (Fig. 15).

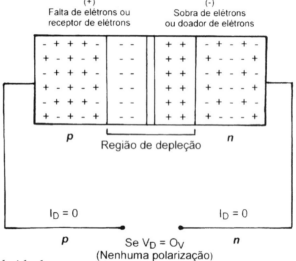

**Figura 14** - Diodo ideal.

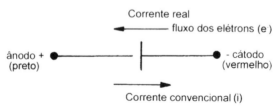

**Figura 15** - Representação esquemática do Diodo.

---

* A junção dos metais *n* e *p* é apenas um recurso didático para explicar a teoria do Diodo. Na prática, o que ocorre é a criação de um semicondutor, já na forma de *n* e *p*, utilizando-se tecnologia de difícil compreensão.

## CONDIÇÕES DE POLARIZAÇÃO DE UM DIODO

a) Na ausência de uma **tensão** de polarização aplicada $V_D = 0_V$, o fluxo líquido de carga em qualquer direção para um Diodo Semicondutor é nulo[3] (Fig. 16).

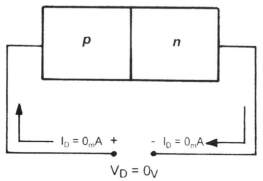

**Figura 16** - Tensão de polarização $V_D = 0_V$; $I_D = 0_m A$.

b) Na presença de uma polarização direta $V_D > 0_V$, ou "ligada", isto é, quando se aplica o potencial positivo ao material do tipo *p* e negativo ao material tipo *n*, o Diodo Semicondutor é polarizado diretamente[3] (Fig. 17).

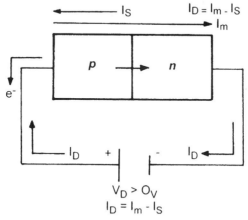

$I_m$ = Corrente majoritária
$I_S$ = Corrente de saturação reversa
$I_D = I_m - I_S$
$e^-$ = Fluxo dos elétrons
$I_D$ = Corrente convencional
$V_D$ = Tensão

**Figura 17** - Tensão de polarização $V_D > 0_V$; $I_D > 0_m A$.

c) Na presença de uma polarização reversa $V_D < 0_V$, isto é, quando se aplica o potencial negativo ao material *p* e o positivo ao material *n*, o Diodo Semicondutor é polarizado reversamente e a corrente que surge sob essa condição é chamada de corrente de reversa[3] (Fig. 18).

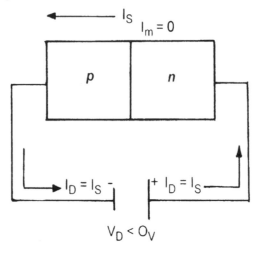

$I_m$ = Corrente majoritária
$I_S$ = Corrente de saturação reversa
$I_D$ = Corrente convencional
$I_D = I_m - I_S$
$I_m = 0; I_D = I_S$

**Figura 18** - Tensão de polarização reversa.

## TEORIA DO DR. MANAKA SOBRE O "BOMBEAMENTO IÔNICO"

Inicialmente o Dr. Manaka utilizou a técnica do "*Bombeamento Iônico*" para tratar a dor causada pela queimadura e observou que também acelerava o processo de cicatrização das feridas causadas pela queimadura.

Posteriormente adaptou a técnica para ser utilizada na Acupuntura, conectando o Fio Diodo no sistema de Canais Curiosos.

MANAKA *et al.* (1995), relataram no livro "*Chasing the Dragon's Tail*, que a mais provável explicação teórica para o funcionamento do "*Bombeamento Iônico*" é devido a um fluxo de cargas negativas (elétrons) do terminal vermelho do Fio Diodo para o terminal preto (Fig. 19).

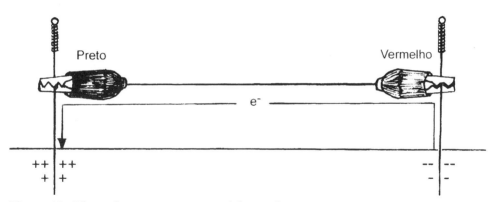

**Figura 19** - Fluxo de cargas negativas (elétrons).

Dentro do corpo, abaixo da pele, uma corrente elétrica ou iônica sutil ou mínima é difícil de descrever, embora deve haver uma corrente mínima, mas não seria um circuito. Eles sustentaram a hipótese de que algumas situações, abaixo descritas, podem acontecer:
a) uma corrente rápida de elétrons deve percorrer a superfície da pele entre as agulhas;
b) uma corrente rápida e lenta de elétrons deve circular na profundidade dos tecidos entre as agulhas;
c) uma corrente iônica lenta, positiva ou negativa, deve circular através do fluido corporal entre as agulhas;
d) os tecidos e fluídos ao redor do corpo da agulha inserida sofre leve eletrólise (efeito eletrolítico relativo) e atuam como ânodo-cátodos locais, relativos, que produzem corrente eletrônica e iônica por algum tempo, após as agulhas são removidas.

Alguns ou todos esses mecanismos podem ocorrer, além de outras possibilidades que ainda não foram mencionadas. Qualquer que seja os mecanismos, as correntes envolvidas são mínimas, insuficientes para estimular diretamente o sistema nervoso e são tão pequenas que nós não conseguimos medir acuradamente.

MANAKA *et al.* (1995), citam um fato curioso sobre a técnica de "*Bombeamento Iônico*": o Fio Diodo atua como antena para o campo eletromagnético e converte esse campo em uma pequena corrente que flui somente em um sentido, de acordo com a orientação do Diodo.

Em experimentos onde o indivíduo foi submetido ao tratamento em um ambiente protegido ou livre de campo magnético e eletromagnético (como nas profundezas de minas localizadas abaixo das montanhas ou em gaiola de Faraday*), a técnica com a utilização do Fio Diodo não produz resultados. Somente quando o campo magnético ou eletromagnético artificialmente produzido é introduzido na vizinhança do Fio Diodo é que começa a produzir efeito. Isto sugere que parte do mecanismo do Fio Diodo envolve a produção de uma corrente elétrica mínima no fio, através do transdutor do campo magnético ou eletromagnético externo[10].

## COMPORTAMENTO DO FIO DIODO

### 1. Quando ligado à pilha

Conectando o terminal vermelho do Fio Diodo no pólo negativo da pilha e o terminal preto no pólo positivo da mesma, acende a lâmpada (Fig. 20). Nesse caso, a explicação é que há transferência de elétrons, fechando o circuito. Quando se conecta o terminal preto do Fio Diodo no pólo negativo da pilha e o terminal vermelho no pólo positivo da mesma, não acende a lâmpada (Fig. 21). A explicação é que não há transferência de elétrons e, portanto não fecha o circuito.

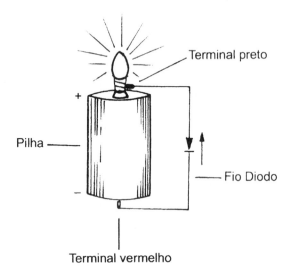

**Figura 20** - Conexão do Fio Diodo na pilha: vermelho no pólo negativo e preto no pólo positivo da pilha, acende a lâmpada.

---

* A gaiola de Faraday promove uma blindagem eletrostática em torno de um corpo, e então, este fica livre de influências elétricas externas.

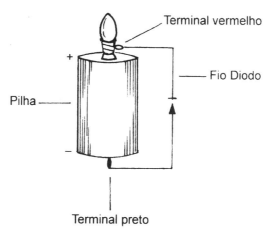

**Figura 21** - Conexão do Fio Diodo na pilha: preto no pólo negativo e vermelho no pólo positivo da pinha, não acende a lâmpada.

## 2. Quando ligado ao multímetro ou eletroestimulador

O multímetro é um dispositivo muito utilizado na eletrônica para medir a intensidade de corrente elétrica, resistência elétrica, voltagens, etc. Não entraremos no mérito da constituição do aparelho, o que também não é a nossa especialidade, mas sim, no seu funcionamento para medir a resistência ou a intensidade da corrente elétrica, o que é relativamente simples. O multímetro contém dois terminais, um positivo (vermelho) e outro negativo (preto) e um mostrador ou painel com escalas para medição (Fig. 22).

O multímetro uma vez ligado e regulado para a medição da resistência elétrica, ao contatar os dois terminais (negativo e positivo), fecha o circuito e a ponteira do painel se movimenta e registra resistência elétrica, obedecendo a primeira lei de Ohm: **U = R . i** ou **R = U/i**, onde **R** é a resistência, **U**, a diferença de potencial e **i** a intensidade da corrente (Fig. 23).

Ao conectar o terminal negativo do multímetro regulado para escala de ohmímetro ao terminal vermelho do Fio Diodo e o terminal positivo do multímetro ao terminal preto do Fio Diodo a ponteira do painel do multímetro movimenta e registra a resistência elétrica (Fig. 24).

Se inverter a posição dos terminais do multímetro ou do Fio Diodo, a ponteira do painel não se movimenta. Isso significa que não há passagem de corrente elétrica (Fig. 25).

A agulha de Acupuntura, sendo um bom condutor de eletricidade, permite a passagem de corrente elétrica. Se prender uma agulha (**A**) no terminal vermelho do Fio Diodo e uma outra agulha (**B**) no terminal preto do mesmo fio e a seguir conectar o terminal negativo do multímetro regulado na escala de ohmímetro na agulha (**A**) e conectar o terminal positivo do multímetro na agulha (**B**), a ponteira do painel se movimenta, o que significa que há passagem de corrente elétrica (Fig. 26).

Invertendo a posição dos terminais do multímetro ou do Fio Diodo a ponteira do painel do multímetro não se movimenta, o que significa que não há passagem de corrente elétrica (Fig. 27).

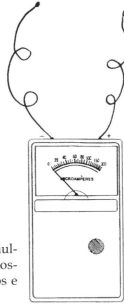

**Figura 22** - Esquema de um multímetro ou amperímetro, mostrando os terminais negativos e positivos.

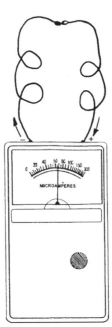

**Figura 23** - Multímetro ou amperímetro ligado e regulado para medição da corrente elétrica e contactando os terminais negativos e positivos, a ponteira do painel registra a corrente.

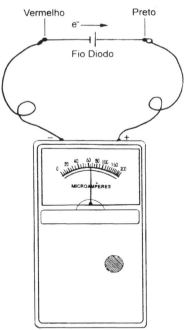

**Figura 24** - Conexão do pólo negativo do multímetro ou amperímetro ao terminal vermelho do Fio Diodo e o pólo positivo do multímetro ou amperímetro ao terminal preto do Fio Diodo, registra a corrente elétrica.

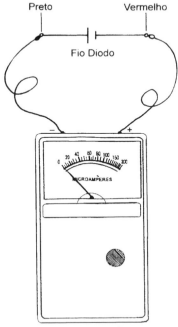

**Figura 25** - Conexão do pólo negativo do multímetro ou amperímetro ao terminal preto do Fio Diodo e o pólo positivo do multímetro ou amperímetro ao terminal vermelho do Fio Diodo, a ponteira do painel não registra corrente.

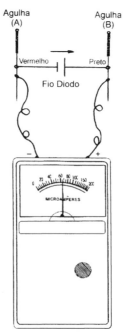

**Figura 26** - Conexão do terminal vermelho do Fio Diodo na agulha **A** e terminal preto na agulha **B**, e conexão do pólo negativo do multímetro ou amperímetro na agulha **A** e pólo positivo na agulha **B**, registra a corrente elétrica.

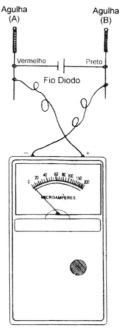

**Figura 27** - Conexão do terminal vermelho do Fio Diodo na agulha **A** e terminal preto na agulha **B**, e conexão do pólo positivo do multímetro ou amperímetro na agulha **A** e pólo negativo na agulha **B**, a ponteira do painel não registra corrente.

No lugar do multímetro pode ser utilizado o eletroestimulador que opera com voltagem e intensidade de corrente mínima, na escala de milivolts e miliampères.

Se inserir uma agulha (**A**) num determinado ponto e conectar o terminal vermelho do Fio Diodo nessa agulha, e inserir uma outra agulha (**B**) no outro ponto e conectar o terminal preto nessa última agulha, e conectar o pólo negativo do multímetro na agulha **B** (Fig. 28), obviamente, há passagem de corrente elétrica, conforme observado anteriormente (veja Figura 26).

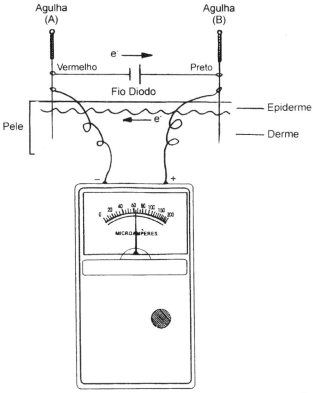

**Figura 28** - Conexão do terminal vermelho do Fio Diodo na agulha **A** e terminal preto na agulha **B**, ambas inseridas na pele; conexão do pólo negativo do multímetro ou amperímetro na agulha **A** e pólo positivo na agulha **B**, a ponteira do painel movimenta e registra a corrente elétrica.

Se inverter a posição dos terminais do multímetro, isto é, o terminal negativo do multímetro na agulha **B** e o terminal negativo na agulha **A**, ocorre um fenômeno interessante, pois o multímetro ou qualquer outro aparelho capaz de registrar a corrente mínima acusa a passagem de uma corrente, o que significa que a pele, principalmente a derme, funciona como um condutor de eletricidade, fechando o circuito (Fig. 29).

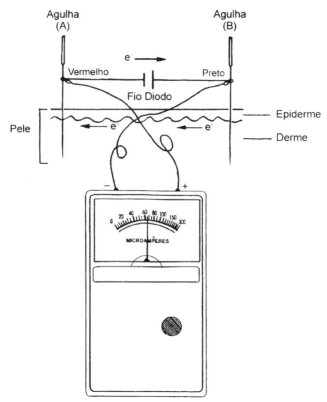

**Figura 29** - Conexão do terminal vermelho do Fio Diodo na agulha **A** e terminal preto na agulha **B**, ambas inseridas na pele; conexão do pólo positivo do multímetro ou amperímetro na agulha **A** e pólo negativo na agulha **B**, a ponteira do painel movimenta e registra a corrente elétrica.

## CUIDADOS NECESSÁRIOS NA UTILIZAÇÃO DO FIO DIODO

1. Pedir ao paciente para retirar todos os metais do corpo como anéis, brincos, pulseiras, relógio, roupa de tecido sintético que acumulam cargas elétricas na superfície do corpo que prejudicam o tratamento.

2. Alguns (algumas) pacientes, principalmente aqueles ou aquelas que têm medo do "choque elétrico", ao ver o Fio Semicondutor se assustam. Deve-se explicar que não há o risco de sentir o "choque elétrico".

3. Vestir o paciente com avental confeccionado em tecido de algodão.

4. Escolha correta e a localização precisa dos pontos a serem tratados com o Fio Diodo.

5. Utilizar agulha fina número 3 ou 0,20 mm de diâmetro.

6. O metal da agulha deve ser um bom condutor de eletricidade.

7. Verificar se o Fio Diodo está em perfeitas condições, realizando teste com multímetro.

8. Deve-se conectar o terminal do Fio Diodo no corpo da agulha, e não no cabo, uma vez que o cabo pode estar fixado no corpo da agulha com uma cola que pode servir de isolamento[4].

9. Fixar a agulha com fita adesiva, para evitar que a agulha saia da pele.

## TEMPO DE INDUÇÃO

O Fio Diodo deve ser ligado ou conectado entre as duas agulhas inseridas nos pontos, através do "clip" existente nos terminais do fio.

O tempo de indução (tempo de permanência do Fio Diodo entre as agulhas) é diretamente proporcional à diferença de potencial (ddp) existente entre os pontos onde estão inseridas as agulhas.

Para que ocorra a indução é necessária uma diferença de potencial (ddp) de 40 milivolts entre os dois pontos a serem tratadas com inserção de agulhas e conexão de Fio Diodo. Com o desenvolvimento da eletrônica, é possível criar um Fio Diodo capaz de funcionar entre a diferença de potencial de 15 a 20 milivolts. Se a diferença de potencial é menor do que 15 milivolts a técnica do "*Bombeamento Iônico*" não funciona.

Em lesões como as de queimadura o tempo de indução é de 15 a 20 minutos, mas na maioria das patologias dos Canais Yang o tempo de indução é de oito a 10 minutos. Nas patologias dos Canais Yin o tempo de indução é menor, em torno de dois minutos.

Deve-se, sempre, avaliar a sensibilidade dos pontos representantes, pontos Mo, pulsologia, etc. Quando estes parâmetros normalizarem, então encerrar o tratamento.

MANAKA *et al.* (1995) avaliaram a eficácia do tratamento com o "Bombeamento Iônico" e calcularam o seu tempo de indução pela reação ou sensibilidade abdominal. O abdômen que antes era doloroso à palpação passa a ser indolor.

## O QUE É DDP?

Também conhecido como força motriz, tensão ou voltagem, é a diferença de potencial elétrico existente entre dois pontos em um determinado campo elétrico. Essa diferença é a responsável pela movimentação dos elétrons, provocando a corrente elétrica. Para que haja a corrente elétrica, tem que existir, em princípio, uma diferença de potencial entre os dois pontos[1].

Para calcular a diferença de potencial entre dois pontos, digamos **A** e **B**, de um campo elétrico, desloca-se uma carga de prova $q_0$ desde **A** até **B** e mede-se o trabalho ($W_{AB}$) realizado pelo agente que movimentou a referida carga[1]. Desta forma a diferença de potencial elétrico estaria definida pela seguinte fórmula:

$V_B - V_A = W_{AB}/q_0$, onde:
$V_B - V_A$ = Diferença de potencial (ddp) entre o ponto **A** e **B**.
$W_{AB}$ = Trabalho realizado pelo deslocamento de carga $q_0$ de **A** até **B**.
$q_0$ = Carga de prova.

A unidade básica de diferença de potencial (ddp) é o Volt (V), e o trabalho realizado de **A** até **B** é o Joule (J), enquanto a carga $q_0$ é o Coulomb[1].

# *Tratamentos* 3

O Dr. Yoshio Manaka idealizou o Fio Diodo para tratar as dores causadas pela queimadura e posteriormente adaptou-o para ser utilizado em Acupuntura.

A ligação ou conexão dos terminais do Fio Diodo pode ser feita dentro do sistema de Canais Principais, Distintos e Curiosos.

## QUAIS SÃO AS PATOLOGIAS QUE PODEM SER TRATADAS COM O FIO DIODO?

Para simplificar a resposta podemos dizer que a maioria das patologias tratáveis pela Acupuntura podem ser auxiliadas com essa técnica, uma vez que, a mesma é coadjuvante e complemento da Acupuntura.

A Acupuntura é muito eficaz nas patologias decorrentes de distúrbios energéticos e funcionais, mas nas patologias orgânicas onde a Medicina Ocidental é mais eficaz e mais indicada, a Acupuntura pode atuar apenas como coadjuvante ou preventiva.

A Acupuntura é eficaz nas dores somáticas superficiais resultantes de traumatismos (contusão, compressão), calor intenso (queimaduras por calor)[10], frio intenso (queimadura por frio). Nas dores somáticas profundas, como as oriundas dos músculos, tendões, fáscias, articulações, etc., desde que não haja rotura, rompimento, fraturas que requerem uma reconstituição cirúrgica, a Acupuntura associada à técnica de "Bombeamento Iônico" é indicada. Mesmo antes de uma cirurgia para tranqüilizar o paciente, durante a cirurgia para analgesia e auxiliar na hemostasia[15], a Acupuntura pode ser utilizada. No pós-operatório também a Acupuntura associada à técnica de "Bombeamento Iônico" é útil, pois pode ainda atuar no alívio da dor e acelerar a cicatrização.

Na dor referida que segue uma distribuição metamérica[6], a Acupuntura baseada na inervação dos segmentos comprometidos, pode dar excelentes resultados, mas na dor referida cardíaca, que segue a distribuição metamérica, atingindo o braço e a face cubital do antebraço, deve-se imediatamente conduzir o paciente para a Cardiologia.

Na dor irradiada, como nos casos de cervicobraquialgias e ciatalgias, que são resultantes de irritação direta de um nervo sensitivo ou misto, por processos inflamatórios, degenerativos das estruturas ósteoligmentares, a Acupuntura associada à técnica de "Bombeamento Iônico" é indicada, desde que não seja um caso cirúrgico, como na hérnia discal e nos processos tumorais que comprimem a medula espinhal.

Nas dores viscerais, o "Bombeamento Iônico" associado ao tratamento de Canais Distintos, é indicado. Mas nas dores viscerais, como na apendicite aguda, infarto agudo do miocárdio, cólica nefrética e biliar, deve-se tratar ou remover a causa. Nesses casos, a Acupuntura pode atuar como coadjuvante, até que seja decidido o procedimento médico adequado para cada caso.

Nas síndromes diversas mais complexas, como a dor pós-herpética nos idosos ou imunodeprimidos, que não respondem a analgésicos, antiinflamatórios e mesmo opiáceos e respostas variáveis a antidepressivos tricíclicos a Acupuntura ("Técnica de Rodear Dragão"), citados por FILSHIE & WHITE (2002), pode ser experimentada em combinação com os medicamentos. A causalgia (distrofia simpático reflexa ou causalgia minor) pode ser tratada pela Acupuntura e "Bombeamento Iônico". Outras síndromes dolorosas como a dor pós-trauma medular, dor da avulsão de plexos (braquial e lombar), dor de membro fantasma e dor do coto de amputação, que são mais complexas, a Acupuntura também pode não ser eficaz. Porém, GARCIA (1999) relata sucessos no tratamento de dor do membro fantasma com aurículo-acupuntura.

A dor do câncer é muito mais complexa, pois pode estar associada a dor aguda e crônica ao mesmo tempo. As intervenções cirúrgicas, as amputações com ressecção de nervos, o uso de drogas neurotóxicas, procedimentos terapêuticos, agressivos, como a radioterapia e quimioterapia e a consciência de doença incurável e fatal, todos podem ser fatores altamente limitantes no alívio da dor. De acordo com os estudos realizados por LU *et al.* (1991), citados por Mc MILLAN (1998)[6], a utilização do pólo norte de disco de magnetos de intensidade 60 mT, no ponto PC-6 (Neiguan), magneto esse feito de estrôncio e ferrita, contendo cálcio, foi muito eficaz em 161 casos de pacientes tratados com cisplatina, obtendo resultado notadamente eficaz em 61,4% dos casos, eficaz em 28% e ineficaz em 10,6%. O estudo foi realizado nos pacientes em que a medicação antiemética padronizada não havia surtido efeito. A comparação entre os grupos tratados, grupos não tratados (grupo sem magnetoterapia) e grupos tratados com acupressão no ponto PC-6 (Neiguan), revelou uma vantagem estatisticamente significativa (p < 0,001) da técnica de magnetoterapia comparada com os controles.

Apesar de sua longa história e de sua prevalência crescente no Ocidente, a eficácia clínica da Acupuntura continua sendo uma controvérsia[5] para alguns estudiosos, mas os resultados duvidosos da pesquisa são devido às falhas metodológicas (tipo de Acupuntura utilizada, praticada por pessoas que não dominam a técnica, número insuficiente de pacientes avaliados, falta de ensaios clínicos uni-cegos, duplo-cegos, falta de análises estatísticas adequadas, etc.).

Na área humana torna-se muito mais difícil realizar a pesquisa da eficácia clínica da Acupuntura, por questões de permissões éticas, realização de estudos uni-cegos, duplo-cegos e escolha de grupos controle sem o tratamento.

O objetivo principal deste livro não é avaliar a Acupuntura e muito menos, comparar a Acupuntura com outros métodos de tratamento da dor, mas sim, através da técnica de "Bombeamento Iônico", como proposto pelo Dr. Yoshio Manaka, melhorar a eficácia dessa milenar medicina.

## EXISTE ALGUMA CONTRA-INDICAÇÃO DO USO DE "BOMBEAMENTO IÔNICO"?

Por se tratar de uma manipulação ou condução de cargas elétricas estáticas do próprio corpo, de baixíssima voltagem, não há uma contra-indicação formal. Assim pode ser utilizado nos pacientes usuários de marcapassos cardíacos, gestantes, epiléticos, etc.

# Utilização do Fio Diodo no Sistema de Canais Principais

Para entendermos o funcionamento da técnica do *"Bombeamento Iônico"* no sistema de Canais Principais é necessário recordar o sentido da Circulação de Energia nos Canais Principais, como segue: Pulmão → Intestino Grosso → Estômago → Baço-Pâncreas → Coração → Intestino Delgado → Bexiga → Rim → Circulação-Sexo → Triplo Aquecedor → Vesícula Biliar → Fígado →... (em um ritmo circadiano de 24 horas) e novamente reinicia o ciclo no dia seguinte (Fig. 30).

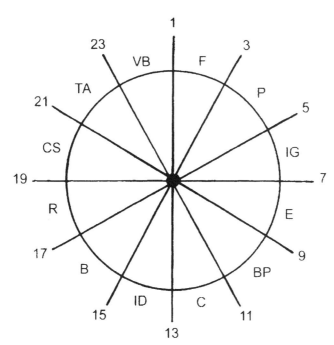

**Figura 30 -** Ritmo circadiano da circulação de energia nos Canais Principais.

Nos Canais Yin o sentido da energia é ascendente e nos Canais Yang, o sentido é descendente. A Medicina Tradicional Chinesa considera a posição anatômica do homem com os braços erguidos para o céu (o Homem entre o Céu e a Terra) (Fig. 31).

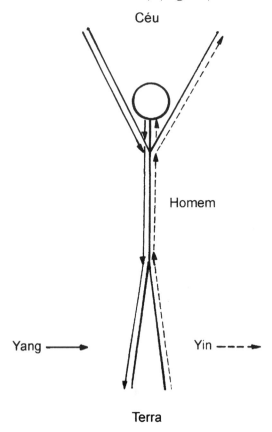

**Figura 31** - Esquema do Homem entre o Céu e a Terra.

## ESQUEMA DE LIGAÇÃO DO "BOMBEAMENTO IÔNICO" NOS CANAIS PRINCIPAIS

Os Canais Yin têm sentido ascendente e os Canais Yang têm sentido descendente.

**Esquema de ligação 1:**

Ligar o terminal preto do Fio Diodo no Yang da mão e o terminal vermelho no Yang do pé. Ligar o terminal vermelho do Fio Diodo no Yin da mão e o terminal preto no Yin do pé.

- TA8 (Sanyangluo) representa o Yang da mão.
- VB 35 (Yangjiao) representa o Yang do pé.
- BP6 (Sanyinjiao) representa o Yin do pé.
- PSN (ponto sem nome) representa o Yin da mão.

**Exemplo:**

Preto no TA8 (Sanyangluo) - - *Qi* → - → Vermelho no VB35 (Yangjiao)
← e-

Vermelho no PSN ← - - - - ← *Qi* - - Preto no BP6 (Sanyinjiao)
e- →

PSN, significa Ponto Sem Nome que se localiza no Canal Principal do Coração a cinco dedos horizontalmente acima do C7 (Shenmen).

**Explicação:**

De acordo com a Grande Circulação de Energia o *Qi* normalmente flui do Canal Principal do Triplo Aquecedor para o Canal Principal da Vesícula Biliar e do Canal Principal do Baço-Pâncreas para o Canal Principal do Coração, onde, nesse último localiza-se o Ponto Sem Nome (PSN).

Quando o sentido dos elétrons no Fio Diodo é contrário ao sentido do *Qi* ocorre sedação.

**Indicações:**

Nas patologias do sistema nervoso, sistema locomotor, equilíbrio geral, dores (efeito sedativo).

**Esquema de ligação 2:**

Ligar o terminal vermelho do Fio Diodo no Yang da mão e o terminal preto no Yang do pé. Ligar o terminal preto do Fio Diodo no Yin da mão e o terminal vermelho no Yin do pé.

**Exemplo:**

Vermelho no TA8 (Sanyangluo) — $Qi \rightarrow$ - $\rightarrow$ Preto no VB35 (Yangjiao)
$\phantom{Vermelho no TA8 (Sanyangluo) — Qi}$ e- $\rightarrow$

Preto no PSN $\leftarrow$ - - - - - - - $\leftarrow Qi$ — Vermelho no BP6 (Sanyinjiao)
$\phantom{Preto no PSN aaaaaaaa}\leftarrow$ e-

**Explicação:**

De acordo com a Grande Circulação de Energia o *Qi* flui normalmente do Canal Principal do Triplo Aquecedor para o Canal Principal da Vesícula Biliar e do Canal Principal do Baço-Pâncreas para o Canal Principal do Coração, onde nesse último, está situado o PSN.

Quando o sentido dos elétrons segue o sentido do *Qi*, ocorre a tonificação.

**Indicações:**

Síndrome de Patologia Senil: hipertensão arterial, diabetes, reumatismo, obstipação, etc. (efeito tonificante).

**Esquema de ligação 3:**

Ligar o terminal preto do Fio Diodo no Yang da mão e o terminal vermelho no Yang do pé. Ligar o terminal preto do Fio Diodo no Yin da mão e o terminal vermelho no Yin do pé.

**Exemplo:**

Preto no TA8 (Sanyangluo) - - $Qi \rightarrow$ - $\rightarrow$ Vermelho no VB35 (Yangjiao)
$\phantom{Preto no TA8 (Sanyangluo)}\leftarrow$ e-

Preto no PSN $\leftarrow$ - - - - - - $\leftarrow Qi$ ——— Vermelho no BP6 (Sanyinjiao)
$\phantom{Preto no PSN aaaaaaaa}\leftarrow$ e-

**Explicação:**

De acordo com a Grande Circulação de Energia o *Qi* flui normalmente do Canal Principal do Triplo Aquecedor para o Canal Principal da Vesícula Biliar e do Canal Principal do Baço-Pâncreas para o Canal Principal do Coração, onde nesse último, está situado o PSN.

Na ligação preto no TA8 e vermelho no VB35 o sentido dos elétrons é contrário ao sentido do *Qi*. Portanto, nesse caso, ocorre a sedação.

Na ligação preto no PSN e vermelho no BP6 o sentido dos elétrons é o mesmo sentido do *Qi*. Portanto, nesse caso, ocorre a tonificação.

**Indicações:**

Sintomas do tipo Yang resultante de Patologias de deficiência de Yin. Exemplo: Cefaléia causada pelo fogo do Fígado, resultante de deficiência de Yin do Rim (seda o Yang e tonifica o Yin).

**Esquema de ligação 4:**

Ligar o terminal vermelho do Fio Diodo no Yang da mão e o terminal preto no Yang do pé. Ligar o terminal vermelho do Fio Diodo no Yin da mão e o terminal preto no Yin do pé.

**Exemplo:**

Vermelho no TA8 (Sanyangluo) - - *Qi* → - → Preto no VB35 (Yangjiao)
$\qquad\qquad\qquad\qquad$ e- →
Vermelho no PSN ← - - - - - - ← *Qi* - - Preto no BP6 (Sanyinjiao)
$\qquad\qquad\qquad\qquad$ e- →

**Explicação:**

De acordo com a Grande Circulação de Energia o *Qi* flui normalmente do Canal Principal do Triplo Aquecedor para o Canal Principal da Vesícula Biliar e do Canal Principal do Baço-Pâncreas para o Canal Principal do Coração, onde nesse último, encontra-se o PSN.

Na ligação vermelho no TA8 e preto no VB35, os elétrons, no Fio Diodo, seguem o mesmo sentido do fluxo do *Qi*, portanto ocorre a tonificação.

Na ligação vermelho no PSN e preto no BP6, os elétrons, no Fio Diodo, seguem o contrário ao fluxo do *Qi*, portanto ocorre a sedação.

**Indicações:**

Para patologias dos Canais Yin ou deficiência de Yang.

# Utilização do Fio Diodo no Sistema de Canais Distintos 5

Encontramos dificuldade em explicar o funcionamento do Fio Diodo no Sistema de Canais Distintos, uma vez que, em relação a esses Canais, diferentemente dos Canais Principais e Canais Curiosos, nos quais a fisiologia e fisiopatologia são conhecidas, há uma incógnita em relação aos Canais Distintos, tanto nos textos antigos como nos recentes.

NGUYEN (1981), considerou que os Canais Distintos reforçam a ação dos Canais Principais e explica a ação destes sobre as partes do corpo que não são atingidos por Canais Principais. Os Canais Distintos começam ao nível das grandes articulações e penetram no abdômen e tórax para atingir os órgãos e vísceras e após emergir reúne novamente com os Canais Principais de natureza Yang no pescoço ou na cabeça.

PEREZ (1993), referindo-se ao conceito Canais Distintos descreve-os como vias defensivas endógenas, enquanto os Canais Tendino-Musculares são vias defensivas exógenas, o que nos leva a concluir que nesses Canais também circulam a energia defensiva (Wei Qi).

Segundo YAMAMURA & TABOSA (2000) os Canais Distintos têm sua Fisiologia e Fisiopatologia pouco conhecidas, havendo citações em poucos livros didáticos e nestes, simplesmente, são descritos apenas os seus trajetos. Não há, portanto indicação quanto ao tratamento.

YAMAMURA & TABOSA (2000), propuseram uma nova concepção a respeito desses Canais, associando-os como veiculadores de Shen (Energia Mental).

Para entendermos melhor a utilização do Fio Diodo no sistema de Canais Distintos é necessário realizar uma breve revisão de literatura sobre os Canais Distintos e seus trajetos. Encontramos algumas diferenças na descrição dos trajetos e também em relação aos pontos divergentes e reunião. Segundo SOLINAS *et al.* (2000) essas diferenças ou variantes são resultados das diferentes interpretações do *Ling-Shu*.

## CANAIS DISTINTOS

Também conhecidos como Canais Divergentes, Condutores Internos ou Vias Secundárias, são ramificações que originam de cada um dos 12 Canais Principais e aprofundam no abdômen e no tórax e mantêm conexão com órgãos e vísceras. Os 12 Canais Distintos constituem as seis duplas Yang e Yin ou "Seis Confluências" como Bexiga/Rim, Vesícula Biliar/Fígado, Estômago/Baço-Pâncreas, Intestino Delgado/Coração, Triplo Aquecedor/Circulação-Sexo e Intestino Grosso/Pulmão.

Os Canais Distintos originam-se de acupontos situados próximos às grandes articulações dos membros superiores ou inferiores, como cotovelos, joelhos, ombros e quadril. Penetram profundamente no abdômen e no tórax, levando a energia e o sangue para os órgãos e vísceras e às estruturas orgânicas por onde passam[18]. Emergem no pescoço ou na face para em seguida atingir a cabeça através do Canal Principal de Energia Yang.

O local do Canal Principal onde o Canal Distinto origina é o acuponto de partida, divergente* ou distinto. O local onde o Canal Distinto aprofunda-se, no corpo, é o acuponto de entrada e o acuponto de saída é o local onde o Canal Distinto se superficializa. O local onde os ramos Yang e o Yin do Canal Distinto se encontram é o acuponto He que significa junção ou reunião[8].

## CARACTERÍSTICAS E FUNÇÕES DOS CANAIS DISTINTOS

As características e funções dos Canais Distintos podem ser resumidas, conforme seguem abaixo:

1. Fazem a ligação exterior/interior, através dos acupontos divergentes e acuponto de reunião.

2. Os trajetos dos Canais Distintos sejam Yang ou Yin estão localizados profundamente, mais tendo conexão com órgãos e vísceras.

---

* A terminologia ideal seria acuponto divergente, porque diverge ou origina do Canal Principal.

3. Possuem relação direta com órgãos e vísceras correspondentes, como por exemplo, o Canal Distinto da Bexiga liga-se à Bexiga enquanto o Canal Distinto do Rim liga-se ao Rim.

4. Após aprofundar no abdômen ou no tórax emerge no pescoço ou na face, onde tanto o Canal Distinto Yin como o Yang une-se novamente, na face ou na cabeça ao Canal Principal de Energia Yang. Portanto, os seis Yang da face ou da cabeça, recebem o *Qi* e o sangue dos seis Yin.

5. O trajeto do Canal Distinto Yin é paralelo ao Canal Distinto Yang acoplado.

6. É através do Canal Distinto que a energia do Canal Principal Yin passa de um hemicorpo para o outro. Essa passagem é feita na cabeça, face ou pescoço.

7. Os Canais Distintos formam ainda conexões que ligam os Canais Principais aos órgãos, vísceras, cérebro, medula[18].

8. Os Canais Distintos transportam o Wei Qi, Yong Qi e sangue e promovem as ligações internas. Se o Canal Principal estiver com deficiência de *Qi*, o Canal Distinto também estará com a mesma deficiência.

## OS TRAJETOS DOS CANAIS DISTINTOS E AS SEIS CONFLUÊNCIAS

Conforme citado por WONG (1995), sem uma indicação anatômica precisa, é difícil seguir os trajetos dos "Meridianos Distintos" (Canais Divergentes). As avaliações teóricas da Escola de Xangai (1960) não se baseiam na dissecação, mas sim sobre as indicações do *Ling-Shu*, que são retomadas na íntegra pelos Acupuntores de Hong-Kong (The Academy Press Co., 1970).

As indicações do Instituto de Medicina Tradicional de Xangai (1974) apresentam diferenças notáveis que não são elucidadas pelos especialistas de Jian (Anatomical Atlas of Chinese Acupuncture Points, Shandong, Science and Technology Press, 1982, 265 páginas com ilustrações) e nas Bases de L'acupunture de Wang De Shen (BEIJING, 1985)[17].

No *Ling-Shu*, comentário 11[17] os trajetos dos 12 Canais Distintos (Jing-bié) não estão demarcados com acupontos, como ocorre com os trajetos descritos por YAMAMURA (1993), NGUYEN (1981), RISCH (1978) e SOLINAS *et al.* (2000).

Os 12 Canais Distintos são agrupados em pares constituindo as "Seis Confluências", como segue:

## 1. Primeira confluência: Canal Distinto da Bexiga e do Rim

### Canal Distinto da Bexiga

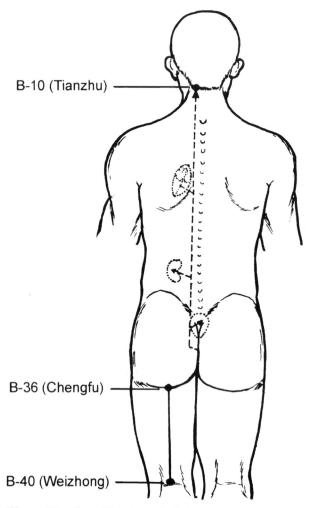

Origina do Canal Principal da Bexiga (Tai-yang do pé) na cavidade poplítea, a partir do acuponto B-40 (Weizhong)[12,14,16,18] e sobe pela face posterior da coxa, passa pelo B-36 (Chengfu) a 5 cm abaixo do sacro, penetra na região anal e conecta com a Bexiga e dispersa-se nos Rins; continua subindo ao lado da coluna vertebral e dispersa-se na região cardíaca; continua ascendendo e exterioriza-se para encontrar com o Canal Principal da Bexiga e com o Canal Distinto do Rim no acuponto B-10 (Tianzhu)[12,14,16,18], localizado abaixo do occipital, onde forma a primeira reunião (He) (Fig. 32).

**Figura 32** - Canal Distinto da Bexiga.

## Canal Distinto do Rim

Origina do Canal Principal do Rim (Shaoyin do pé) na cavidade poplítea, a partir do acuponto R-10 (Yingu)[12,14,16,18] e sobe pela face posterior da coxa e cruza com o Canal Divergente da Bexiga e sobe paralelamente a este, penetra na cavidade abdominal e conecta com os Rins. Ao nível da segunda vértebra lombar, cruza com o Canal de Energia Curioso Dai mai e conecta com a Bexiga[16]. Sobe lateralmente à linha média anterior e ao nível do Coração dispersa-se nesse órgão. Continua subindo até atingir a base da língua e a seguir exterioriza-se para encontrar com o Canal Principal da Bexiga no acuponto B-10 (Tianzhu)[12,14,16,18], localizado no pescoço (Fig. 33).

Todos os Canais Divergentes atravessam o Coração, exceto os Canais Divergentes do Pulmão, Intestino Grosso e Rim[16].

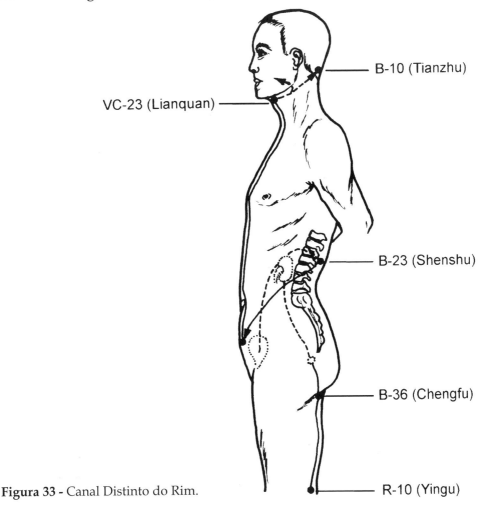

**Figura 33** - Canal Distinto do Rim.

## 2. Segunda confluência: Canal Distinto da Vesícula Biliar e do Fígado

### Canal Distinto da Vesícula Biliar

Origina do Canal Principal da Vesícula Biliar (Shaoyang do pé) no quadril, a partir do acuponto VB-30 (Huantiao)[12,14,16,18] e segue em direção à região suprapúbica no acuponto VC-2 (Qugu)[12,14,16,18], e penetra na cavidade abdominal, sobe e conecta-se com a Vesícula Biliar e dispersa-se no Fígado e segue em direção ao Coração, sobe ao lado do Esôfago e superficializa e dispersa-se na face para encontrar com o Canal Principal da Vesícula Biliar no acuponto VB-1 (Tongziliao) onde forma a segunda reunião (He)[12,14,16,18] (Fig. 34).

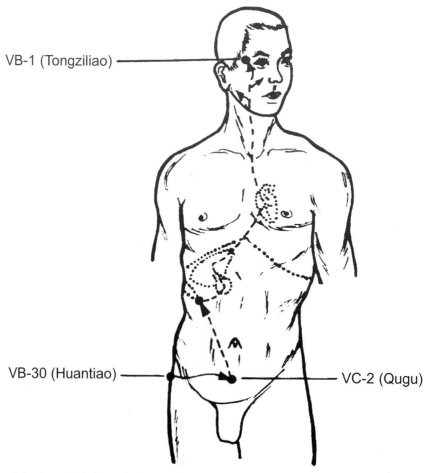

**Figura 34** - Canal Distinto da Vesícula Biliar.

## Canal Distinto do Fígado

Origina do Canal Principal do Fígado (Jueyin do pé), do dorso do pé[16] ou da perna, a partir do acuponto F-5 (Ligou)[14,18] que sobe pela face medial do membro inferior até a região suprapúbica, no acuponto VC-2 (Qugu) do Canal Curioso Ren mai[12,14,16,18], onde se encontra com o Canal Divergente da Vesícula Biliar. A partir desse ponto penetra no abdômen, conecta com o Fígado e Vesícula Biliar e sobe em direção ao tórax, passa pelo Coração e atinge a face para encontrar com o Canal Principal da Vesícula Biliar no acuponto VB-1 (Tongziliao)[12,14,16,18] (Fig. 35).

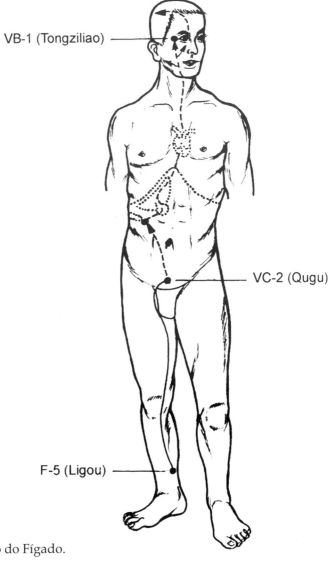

**Figura 35** - Canal Distinto do Fígado.

## 3. Terceira confluência: Canal Distinto do Estômago e do Baço-Pâncreas

### Canal Distinto do Estômago

Origina do Canal Principal do Estômago (Yangming do pé) na região inguinal, a partir do acuponto E-30 (Qichong)[18] ou E-31 (Biguan)[16] e penetra na cavidade abdominal, conectando com o Estômago e dispersando-se no Baço-Pâncreas; a seguir sobe ao tórax passando pelo Coração e Esôfago, emerge no E-12 (Quepen)[14,16], atinge a boca, contorna o nariz, conecta-se com o olho e encontra-se com o Canal Principal do Estômago no acuponto E-1 (Chengqi)[18] localizado na região infra-orbitária ou E-9 (Renying)[16] onde forma a terceira reunião (He) (Fig. 36).

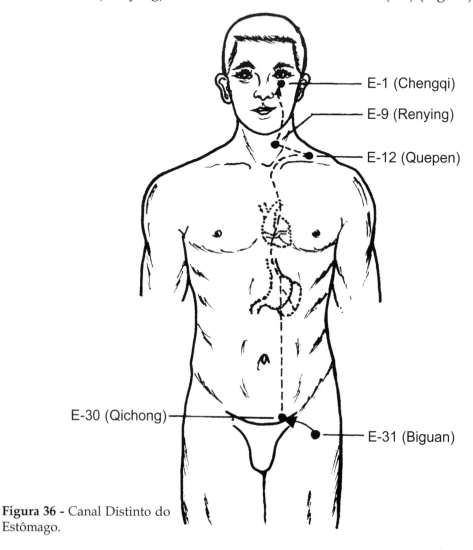

**Figura 36** - Canal Distinto do Estômago.

**Canal Distinto do Baço-Pâncreas**

Origina do Canal Principal do Baço-Pâncreas (Taiyin do pé) na região pélvica, a partir do acuponto BP-12 (Chongmen)[12,16,18] ou BP-11 (Jimen)[16] que segue para o E-30 (Qichong)[12,14,18] e daí penetra no abdômen, segue paralelamente ao Canal Divergente do Estômago, conecta-se com o Baço-Pâncreas e Estômago, sobe ao tórax, passando pelo Coração, atinge o E-12 (Quepen)*[16], passa pelo E-9 (Renying), e depois segue para garganta e língua e chegando ao olho onde emerge e vai ligar-se ao E-1 (Chengqi)[18], localizados na região infra-orbitária (Fig. 37).

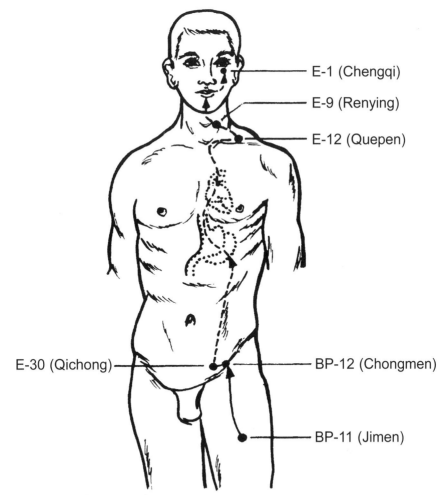

**Figura 37 -** Canal Distinto do Baço-Pâncreas.

---

* Para muitos o Canal Divergente do Baço-Pâncreas não passa pelo E-12 (Quepen).

## 4. Quarta confluência: Canal Distinto do Intestino Delgado e do Coração

### Canal Distinto do Intestino Delgado

Origina do Canal Principal do Intestino Delgado (Taiyang da mão) na região posterior do ombro, a partir do acuponto ID-10 (Naoshu)[12,14,18] ou ID-12 (Bingfeng)[16]. A seguir penetra na cavidade torácica pelo VB-22 (Yuanye)[14,16] e conecta com o Coração e um ramo desce para o abdômen para se ligar ao Intestino Delgado. O outro ramo sobe para a face, encontrando-se com o Canal Principal da Bexiga no acuponto B-1 (Jingming)[12,14,18] (Fig. 38), que é o ponto de reunião (He). Segundo SOLINAS *et al.* (2000) a quarta reunião (He) encontra-se próxima ao VC-17 (Shanzhong).

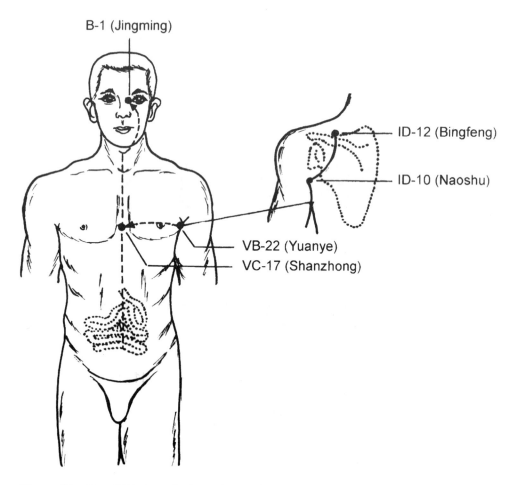

**Figura 38** - Canal Distinto do Intestino Delgado.

## Canal Distinto do Coração

Origina do Canal Principal do Coração (Shaoyin da mão) ao nível da axila, a partir do acuponto C-1 (Jiguan)[12,14,16,18] que liga ao VB-22 (Yuanye)[12,14] situado no quarto espaço intercostal. Daí penetra no tórax e conecta-se com o Coração; sobe em direção à garganta e emerge na face, no canto interno do olho no acuponto B-1 (Jingming)[12,14,18] onde se encontra com o Canal Principal do Intestino Delgado (Fig. 39).

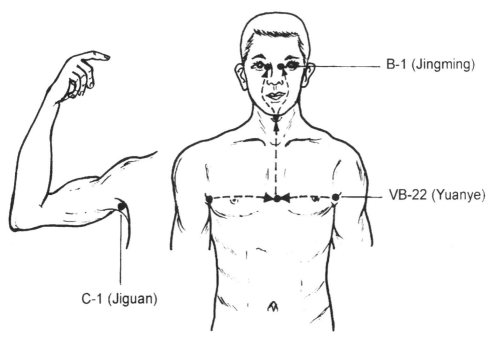

**Figura 39** - Canal Distinto do Coração.

## 5. Quinta confluência: Canal Distinto do Triplo Aquecedor e da Circulação-Sexo

### Canal Distinto do Triplo Aquecedor

De acordo com Ling-Shu (capítulo 11)[WONG], o Canal Distinto do Triplo Aquecedor (Shaoyang da mão) origina do VG-20 (Baihui). Recebe um ramo secundário do TA-20 (Jiaosun) que sobe em direção ao VG-20 (Baihui) do Canal de Energia Du mai[14,16]. Do VG-20 (Baihui)[14,16] desce em direção a TA-16 (Tianyou) e ao chegar no acuponto E-12 (Quepen)[12,14,16], penetra no tórax e conecta-se com o Pericárdio, Coração e comunica-se com o Triplo Aquecedor (Fig. 40). Segundo SOLINAS *et al.* (2000), o TA-16 (Tianyou) representa a quinta reunião (He).

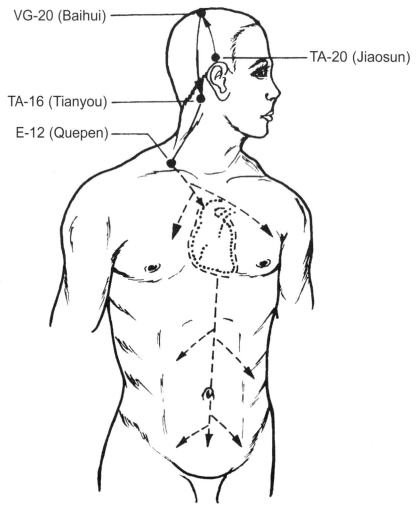

**Figura 40** - Canal Distinto do Triplo Aquecedor.

## Canal Distinto da Circulação-Sexo

O Canal Distinto da Circulação-Sexo (Taiyin da mão) origina-se na axila, a partir do acuponto CS-1 (Tianchi)[12,14,16,18] e penetra na cavidade torácica através do acuponto VB-22 (Yuanye)[12,14,16,18] e um ramo ascendente vai em direção à garganta emergindo no VC-23 (Lianquan)[12,14,16] e sobe em direção à orelha para encontrar-se com o Canal Principal do Triplo Aquecedor no acuponto TA-16 (Tianyou)[12,14,16,18] (Fig. 41).

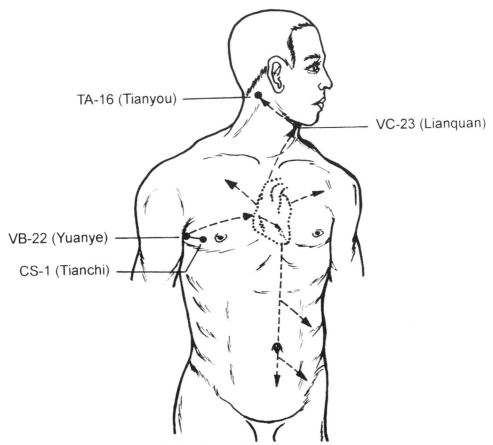

**Figura 41** - Canal Distinto da Circulação-Sexo.

## 6. Sexta confluência: Canal Distinto do Intestino Grosso e do Pulmão

### Canal Distinto do Intestino Grosso

O Canal Distinto do Intestino Grosso (Yangming da mão), origina-se do Canal Principal do Intestino Grosso, no acuponto IG-1 (Shangyang) e tem um trajeto paralelo a esse Canal Principal[12,14,18]. Ao atingir o acuponto IG-15 (Jianyu) dá origem a um ramo que segue para a coluna vertebral, ao nível da sétima vértebra cervical[18] no acuponto VG-14 (Dazhui)[12,14]. A partir deste último penetra na cavidade torácica e fazendo conexão com o Pulmão e a seguir penetra na cavidade abdominal fazendo conexão com o Intestino Grosso; em seguida volta a ascender em direção a fossa supraclavicular e atinge o acuponto E-12 (Quepen)[12,14,16] para convergir no Canal Principal do Intestino Grosso no acuponto IG-18 (Futu)[12,14,16,18] (Fig. 42).

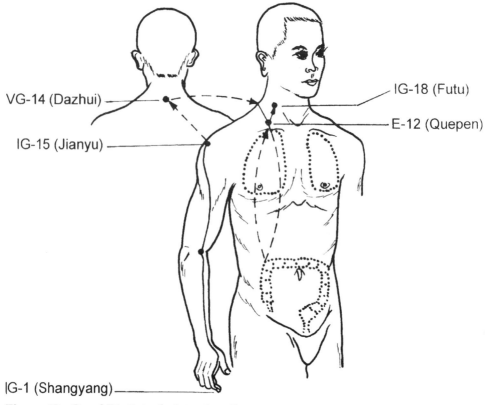

**Figura 42** - Canal Distinto do Intestino Grosso.

## Canal Distinto do Pulmão

O Canal Distinto do Pulmão (Taiyin da mão) origina-se no tórax, no acuponto P-1 (Zhongfu)[12,14,16,18] e segue em direção ao acuponto VB-22 (Yuanyu)[12,14,16]. A partir deste penetra no tórax e conecta com o Pulmão e ramifica no Intestino Grosso. Do Intestino Grosso surge um ramo que sobe em direção a região supraclavicular e no E-12 (Quepen) se superficializa para encontrar com Canal Principal do Intestino Grosso no acuponto IG-18 (Futu)[12,14,16,18] (Fig. 43).

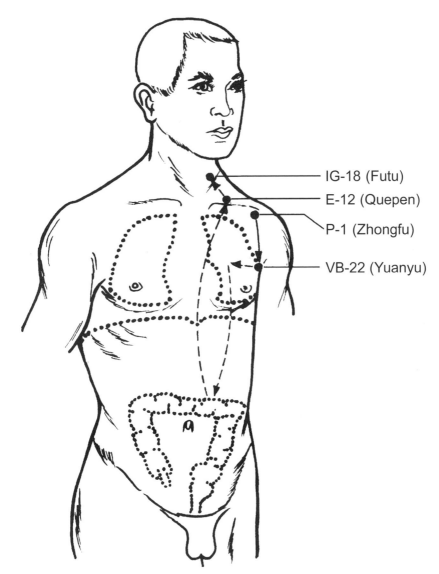

**Figura 43 -** Canal Distinto do Pulmão.

## SINTOMATOLOGIA DOS CANAIS DISTINTOS

Quando o organismo é atacado por energia perversa, a energia *Wei* encontrada na superfície do corpo (Canal Tendino-Muscular) tenta detê-la ou combatê-la. Caso o ataque da energia perversa for mais forte esta consegue penetrar no Canal Principal e a partir daí pode invadir o Canal Distinto e a energia *Wei* pode ser empurrada para dentro do Canal Distinto e continuar travando a luta contra a energia perversa afim de impedir que esta aprofunde e venha atingir os órgãos e as vísceras.

Quando a energia perversa penetra e ataca o Canal Principal a dor é constante e quando esta penetra no Canal Divergente a dor é aguda e intermitente. Isso acontece porque a energia perversa apenas transita e a energia *Wei* chega em ondas sucessivas. Assim os sintomas são intermitentes e todo o diagnóstico é baseado na intermitência[14] ou dores agudas unilaterais[11] que surgem em ondas (há períodos com muita dor, alternando com períodos de acalmia relativa).

YAMAMURA & TABOSA (2000), autores da nova concepção dos Canais de Energia Distintos, citam também o efeito das emoções (reprimidas ou sobrecarga emocional atual) e suas conseqüências no Coração (Xin), nos órgãos e vísceras (Zang Fu) e nos Canais Principais.

Inicialmente os distúrbios (emoções reprimidas ou sobrecarga emocional atual) afetam a mente (Shen). O coração (Xin) é a moradia da mente (Shen). Assim surgem as manifestações cardíacas ao nível energético, funcional ou orgânico.

As manifestações energéticas do Coração (Xin) correspondem às sensações dolorosas dos pontos Shu dorsal {B-15 (Xinshu)} e Mo frontal {VC-14 (Juque)}, enquanto as funcionais correspondem às arritmias, taquicardias, palpitações e as queixas orgânicas expressam-se pelos bloqueios do sistema de condução cardíaca, angina, infarto, etc. (YAMAMURA & TABOSA, 2000).

Surgem a seguir sintomas ao nível dos órgãos e vísceras (Zang Fu) (energéticos, funcionais ou orgânicos), devido à influência que o Coração (Xin) em deficiência exerce sobre os órgãos e vísceras.

## DIAGNÓSTICO DOS CANAIS DISTINTOS

A presença de dor à palpação dos pontos de confluência dos Canais Distintos com os Canais Principais, define o diagnóstico das alterações dos Canais Distintos.

Devido à multiplicidade de distúrbios da Mente (Shen), como por exemplo, associações de emoções relacionadas ao medo, à raiva e à preocupação, ao mesmo tempo vários Canais Distintos podem ser acometidos ao mesmo tempo (YAMAMURA & TABOSA, 2000). Por exemplo, numa lombalgia, vários Canais Distintos podem estar afetados.

Apresentamos a seguir, em resumo, os pontos divergentes, também conhecidos como pontos de divergência, de origem, de partida ou distinto e pontos de reunião (He) dos Canais Distintos de natureza Yang e Yin e algumas diferenças de acordo com os autores consultados[12,14,16,18]

(Tabela 1). Essas diferenças ou variantes dos trajetos e de alguns produtos, devem-se às diversas interpretações do Ling-Shu[16].

**Tabela 1 -** Pontos divergentes e pontos de reunião dos Canais Distintos.

| Confluências | Pontos divergentes | Pontos de reunião |
|---|---|---|
| Primeira confluência (B/R) | B-40/R-10 | B-10 |
| Segunda confluência (VB/F) | VB-30/F-5 | VB-1 |
| Terceira confluência (E/BP) | E-30/BP-12 ou E-31*/BP-11* | E-1 ou E-9 |
| Quarta confluência (ID/C) | ID-10/C-1 ou ID-12* | B-1 |
| Quinta confluência (TA/CS) | VG-20 ou TA-20**/CS-1 | TA-16 |
| Sexta confluência (IG/P) | IG-1/P-1 | IG-18 |

* Segundo SOLINAS et al. (2000).
** Segundo RISCH (1978) e SOLINAS et al. (2000).

As alterações dos Canais Distintos podem ser diagnosticadas pelo aparecimento de sintomas intermitentes[14] e dores agudas unilaterais que surgem em ondas[11] com períodos de muita dor, alternando-se com períodos de acalmia.

Existem também pontos que se tornam sensíveis quando os Canais Distintos estão afetados (Tabela 2).

**Tabela 2 -** Pontos sensíveis em ordem quando os Canais Distintos estão afetados.

| Canais | 1º | 2º | 3º |
|---|---|---|---|
| Bexiga | B-40 | B-60 | B-58 |
| Rim | R-10 | R-3 | R-2 |
| Vesícula Biliar | VB-34 | VB-40 | VB-41 |
| Fígado | F-5 | F-8 | F-3 |
| Estômago | E-40 | E-43 | E-44 |
| Baço-Pâncreas | BP-8 | BP-9 | BP-5 |
| Intestino Delgado | ID-3 | ID-5 | ID-6 |
| Coração | C-3 | C-7 | C-6 |
| Triplo Aquecedor | TA-9 | TA-3 | TA-6 |
| Circulação-Sexo | CS-3 | CS-4 | CS-6 |
| Intestino Grosso | IG-4 | IG-11 | IG-5 |
| Pulmão | P-5 | P-6 | P-9 |

Além de explorar esses pontos sensíveis, podemos ainda pesquisar a sensibilidade dos pontos *Mo* correspondentes (Tabela 3). Por exemplo, no comprometimento dos Canais Distintos Bexiga/Rim, os pontos *Mo* VC3 (Zhongji) e VB25 (Jingmen) também estão sensíveis.

**Tabela 3** - Pontos *Mo* sensíveis quando os Canais Distintos estão afetados.

| Canais | Ponto *Mo* |
|---|---|
| Bexiga | VC-3 |
| Rim | VB-25 |
| Vesícula Biliar | VB-24 |
| Fígado | F-14 |
| Estômago | VC-12 |
| Baço-Pâncreas | F-13 |
| Intestino Delgado | VC-4 |
| Coração | VC-14 |
| Triplo Aquecedor | VC-5 |
| Circulação-Sexo | VC-17 |
| Intestino Grosso | E-25 |
| Pulmão | P-1 |

YAMAMURA & TABOSA (2000), na nova concepção dos Canais de Energia Distintos, citam os principais sintomas clínicos associados a distúrbios emocionais e Canais de Energia Distintos. Esses sintomas são muito importantes e podem ser utilizados no diagnóstico do acometimento dos Canais Distintos (Tabela 4).

**Tabela 4** - Principais sintomas clínicos associados a distúrbios emocionais e Canais Distintos[19].

| Canal de Energia Distinto | Sintomas Gerais | Emoções |
|---|---|---|
| Bexiga/Rim | Cefaléia, nucalgia, dorsolombalgia, doenças renais, calcanealgia, rinite | Rejeições, medo, insegurança |
| Vesícula Biliar/Fígado | Cefaléia, enxaqueca, cervicalgia, distúrbios oculares, hipertireoidismo, doenças hepáticas e biliares, problemas ginecológicos, genitais externos, gonalgia | Raiva, ressentimento, mágoa, revolta, incapacidade de reagir, remorso, culpa |
| Estômago/Baço-Pâncreas | Constipação intestinal, gastrite, úlcera gastroduodenal, má digestão, sinusite, fraqueza e atrofia muscular dos membros, alergia alimentar, síndrome de má absorção, dores abdominais, hipotireoidismo | Preocupação excessiva, idéias obsessivas, sensação de ter perdido seu ponto de apoio |
| Intestino Delgado/Coração | Ombralgia anterior, ombralgia Taiyang, arritmia, precordialgia | Ansiedade, expectativa de que algo ruim vai acontecer |
| Triplo Aquecedor Circulação-Sexo | Precordialgia, mastodínea, arritmia, cervicalgia, cervicobraquialgia, ombralgia, dor na face medial do braço, dor no cotovelo, opressão torácica | Ansiedade, emoções reprimidas, sensação de ser usado pelos outros |
| Pulmão/Intestino Grosso | Asma, opressão torácica, tontura, rinite | Tristeza |

## CONEXÃO DOS TERMINAIS DO FIO DIODO NO SISTEMA DE CANAIS DISTINTOS

As dificuldades para explicar as conexões dos terminais do Fio Diodo no sistema de Canais Distintos são devido à falta de conhecimento de qual a energia que circula nesses Canais, se é energia Wei (de defesa), Yong (nutritiva) ou Ancestral. Segundo NGUYEN (1981), nos Canais Distintos circulam o Yong Qi e o Wei Qi. PEREZ (1993) e RISCH (1978) relatam que, nos Canais Distintos circulam a energia de defesa (Wei Qi). O Wei Qi serve para combater a energia perversa que porventura penetrou no Canal Distinto e tenta invadir os órgãos internos.

Uma outra questão que dificulta o tratamento pelo sistema de Canais Distintos é a falta de conhecimento sobre o sentido da circulação de *Qi* nesses Canais, bem como, por onde entra a energia e por onde ela sai.

De um modo geral, para a conexão do Fio Diodo nos Canais Distintos, o terminal preto do Fio deve ser conectado nas partes mais altas do corpo, enquanto o terminal vermelho é conectado nas partes mais baixas do mesmo, levando em consideração que os membros superiores estão elevados ou estendidos para o céu (veja Fig. 31).

Lembre-se do que disse o Imperador Amarelo interrogando o Qi Bai: "ouvi dizer que o homem era unido à via celeste (microcosmo ou macrocosmo)..." (Ling-Shu, capítulo III)[17]. O homem está entre o céu (Yang) e a terra (Yin), assim o Yang desce do céu e o Yin sobe da terra (veja Fig. 31).

Uma possível explicação para a conexão do terminal preto do Fio Diodo na parte alta do corpo e terminal vermelho na parte baixa do mesmo, deve ser a seguinte: no Fio Diodo os elétrons fluem do terminal vermelho para o preto, portanto de baixo para cima e, teoricamente, uma corrente ou próprio *Qi* deve fluir no sentido oposto, isto é, de cima para baixo* (veja Fig. 31).

Mas há situações em que mesmo invertendo a polaridade, a técnica do Fio Diodo no sistema de Canais Distintos funciona. Este fato, nos faz pensar, que nos Canais Distintos o *Qi* (seja Wei Qi ou Yong Qi) circula tanto de cima para baixo, como de baixo para cima. Pesquisas devem ser realizadas para encontrar as respostas para essa questão.

---

* Teoria ainda não comprovada, necessitando pesquisas.

## ESQUEMA DE LIGAÇÃO DO FIO DIODO NO SISTEMA DE CANAIS DISTINTOS

Como mencionado anteriormente, os 12 Canais Distintos podem ser agrupados em seis pares ou seis confluências:

Primeiro par: Bexiga/Rim
Segundo par: Vesícula Biliar/Fígado } Membro inferior
Terceiro par: Estômago/Baço-Pâncreas

Quarto par: Intestino Delgado/Coração
Quinto par: Triplo Aquecedor/Circulação-Sexo } Membro superior
Sexto par: Intestino Grosso/Pulmão

Uma vez identificado os pares, as alterações dos Canais podem ser tratadas com as conexões dos terminais do Fio Diodo, nos acupontos de seus pares afetados:

### 1. Primeiro par: Bexiga e Rim

Conectar o terminal preto do Fio Diodo nos pontos B-10 (Tianzhu)* ou B-11 (Dashu) e o terminal vermelho nos pontos B-40 (Weizhong)** ou B-58 (Feiyang) ou B-60 (Kunlum) e nos pontos R-10 (Yingu)** ou R-6 (Zhaohai) ou R-3 (Taixi) (Fig. 44).

Alguns autores preferem conectar o terminal preto do Fio Diodo no ponto B-11 (Dashu) que é o ponto conhecido como *"reunião dos ossos"*. Este ponto, quando estimulado, na criança promove o crescimento e no adulto protege contra os processos degenerativos dos ossos.

---

* Acuponto de reunião.
** Acuponto divergente.

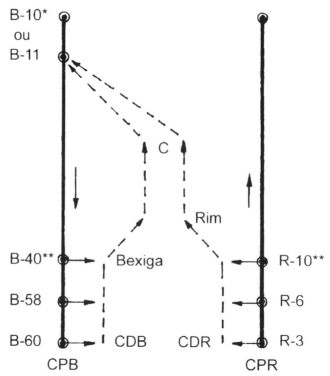

**Figura 44** - Primeiro par ou primeira confluência: Canal Distinto da Bexiga (CDB) e do Rim (CDR); Canal Principal da Bexiga (CPB); Canal Principal do Rim (CPR); Coração (C).

**Indicações:** Todas as enfermidades relacionadas à Bexiga e Rins e seus Canais e alterações emocionais.

**Exemplos:** Lombalgia, dorsalgia, cervicalgia.

## 2. Segundo par: Vesícula Biliar e Fígado

Conectar o terminal preto do Fio Diodo nos pontos VB-1 (Tongziliao)* ou VB-2 (Tinghui) e o terminal vermelho nos pontos VB-40 (Qiuxu) ou VB-37 (Guangming) ou VB-34 (Yanglingquan) ou VB-30 (Huantio)** e nos pontos F-3 (Taichong) ou F-5 (Ligou)** ou F-8 (Ququan) (Fig. 45).

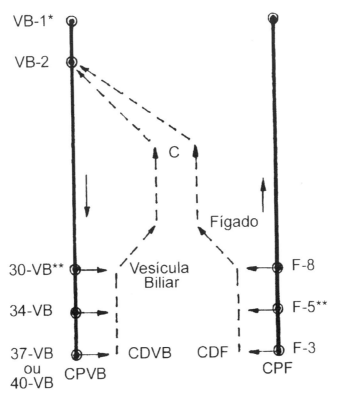

**Figura 45 -** Segundo par ou segunda confluência: Canal Distinto da Vesícula Biliar (CDVB) e do Fígado (CDF); Canal Principal da Vesícula Biliar (CPVB); Canal Principal do Fígado (CPF); Coração (C).

**Indicações:** Todas as enfermidades relacionadas à Vesícula Biliar e Fígado e seus Canais e alterações emocionais.

**Exemplo:** Enxaqueca.

**Nota:** No ponto VB-1 (Tongziliao) inserir agulha menor (0,20 x 15 mm).

---

\* Acuponto de reunião.
\*\* Acuponto divergente.

## 3. Terceiro par: Estômago e Baço-Pâncreas

Conectar o terminal preto do Fio Diodo no ponto E-2 (Sibai) ao invés de E-1 (Chengqi)* para evitar acidente de punção, e o terminal vermelho nos pontos E-41, E-40, E-36 e E-30** e nos pontos BP-9 (Yinlingquan) ou BP-4 (Gongsun) ou BP-3 (Taibai) ou BP-12 (Chongmen)** (Fig. 46).

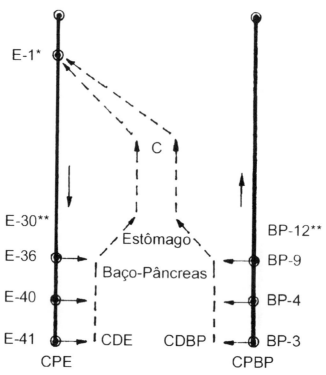

**Figura 46 -** Terceiro par ou terceira confluência: Canal Distinto do Estômago (CDE) e do Baço-Pâncreas (CDBP); Coração (C).

**Indicações:** Todas as enfermidades relacionadas com o Estômago e Baço-Pâncreas e seus Canais e alterações emocionais.

**Exemplo:** Gastrite.

---

* Acuponto de reunião.
** Acuponto divergente.

## 4. Quarto par: Intestino Delgado e Coração

Conectar o terminal vermelho do Fio Diodo no ponto B-2 (Zanzhu) ao invés de B-1 (Jingming)* para evitar acidente de punção, e o terminal preto nos pontos ID-4 (Wangu) ou ID-7 (Zhizheng) ou ID-8 (Xiaohai) ou ID-10 (Naoshu)** e nos pontos C-7 (Shenmen) ou C-5 (Tongli) ou C-3 (Shadrai) ou C-1 (Jiquan)** (Fig. 47).

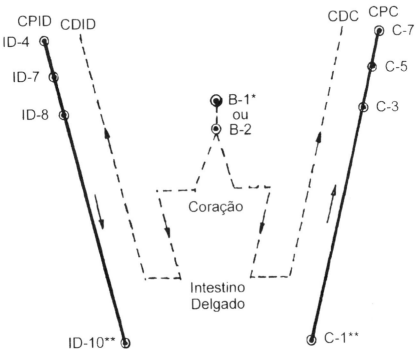

**Figura 47** - Quarto par ou quarta confluência: Canal Distinto do Intestino Delgado (CDID) e do Coração (CDC); Canal Principal do Intestino Delgado (CPID); Canal Principal do Coração (CPC).

**Indicações:** Todas as enfermidades relacionadas ao Intestino Delgado e Coração e seus Canais e alterações emocionais.

**Exemplo:** Ombro doloroso com comprometimento do Canal do Intestino Delgado e Coração.

---

* Acuponto de reunião.
** Acuponto divergente.

## 5. Quinto par: Triplo Aquecedor e Circulação-Sexo

Conectar o terminal vermelho do Fio Diodo nos pontos TA-16 (Tianyou)* ou VB-20 (Fengchi) e o terminal preto nos pontos TA-4 (Yangchi) ou TA-5 (Waiguan) ou TA-10 (Tianjing) ou TA-20 (Jiaosun)** e nos pontos CS-7 (Daling) ou CS-6 (Neiguan) ou CS-3 (Quze) ou CS-1 (Tianshi)** (Fig. 48).

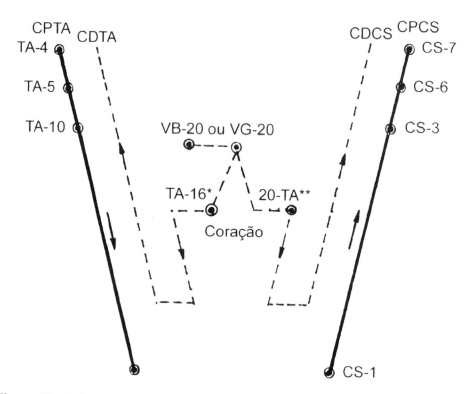

**Figura 48** - Quinto par ou quinta confluência: Canal Distinto do Triplo Aquecedor (CDTA) e da Circulação-Sexo (CDCS); Canal Principal do Triplo Aquecedor (CPTA); Canal Principal da Circulação-Sexo (CPCS).

**Indicações:** Todas as enfermidades relacionadas com o Triplo Aquecedor e Circulação-Sexo e alterações emocionais.

**Exemplo:** Torcicolo com comprometimento do Canal do Triplo Aquecedor.

---

* Acuponto de reunião.
** Acuponto divergente.

## 6. Sexto par: Intestino Grosso e Pulmão

Conectar o terminal vermelho do Fio Diodo nos pontos E-12 (Quepen) ou IG-18 (Rugen)* e o terminal preto nos pontos P-9 (Taiyuan) ou P-7 (Lieque) ou P-5 (Chize) ou P-1 (Zhongfu)** e nos pontos IG-11 (Quchi) ou IG-6 (Pianli) ou IG-4 (Hegu) ou IG-2 (Erjian) ou IG-1 (Shangyang)**.

Obs.: Como a inserção de agulha no IG-1 (Shangyang) é muito dolorosa pode substituí-la por IG-4 (Hegu) (Fig. 49).

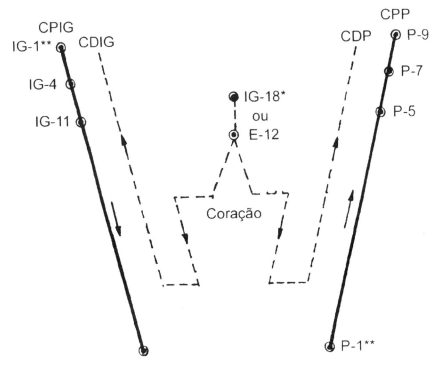

**Figura 49** - Sexto par ou sexta confluência: Canal Distinto do Intestino Grosso (CDIG) e do Pulmão (CDP); Canal Principal do Intestino Grosso (CPIG); Canal Principal do Pulmão (CPP).

**Indicações:** Todas as enfermidades relacionadas ao Intestino Grosso e Pulmão e seus Canais e alterações emocionais.

**Exemplo:** Paralisia das cordas vocais.

---

\* Acuponto de reunião.
\*\* Acuponto divergente.

## VANTAGENS DO TRATAMENTO PELOS CANAIS DISTINTOS

1. Permite reduzir o tempo de tratamento e número de agulhas por sessão (em cinco minutos permite tratar dois ou mais órgãos e vísceras, utilizando apenas duas a três agulhas).

2. Facilidade técnica, pois utiliza poucos pontos.

3. Equilibra rapidamente o Yin e Yang, exterior ou interior, bem como, Plenitude e Vazio.

4. Permite o tratamento sintomático e tratamento da causa ao mesmo tempo.

# Utilização do Fio Diodo no Sistema de Canais Curiosos

Os Oito Canais Curiosos, também conhecidos como Oito Canais Extraordinários ou Oito Vasos Maravilhosos, são agrupados em quatro Canais Yang e quatro Yin, respectivamente:

| Yang | | Yin | |
|---|---|---|---|
| | Yang wei mai | | Yin wei mai |
| | Yang qiao mai | | Yin qiao mai |
| | Dai mai | | Chong mai |
| | Du mai | | Ren mai |

O principal papel dos Canais Curiosos é reforçar a conexão entre os Canais Regulares para regular o *Qi* e o Sangue. O excesso de *Qi* e Sangue nos Canais Regulares flui para os Oito Canais Curiosos, onde é estocado, para ser redistribuído em caso de uma deficiência nos Canais Regulares[16].

O ponto de abertura do Canal Curioso, teoricamente, concentra o *Qi*. Será que a Conexão do Fio Diodo faz circular o *Qi* de um ponto ao outro? Se ainda não há prova científica da existência do *Qi*, não podemos comprovar esta hipótese. O fato é que, na prática, a conexão do Fio Diodo melhora os resultados terapêuticos consideravelmente e assim, recomenda-se conectar o terminal vermelho (negativo) no ponto de abertura do Canal Curioso e o terminal preto (positivo) no ponto do seu acoplado. O terminal vermelho do Fio Diodo normalmente tonifica o acuponto, enquanto que o terminal preto seda.

Para fins práticos, abaixo encontram-se os Canais Curiosos com os seus respectivos acupontos de abertura e acupontos do seu acoplado (Tabela 5).

**Tabela 5** - Canais Curiosos Yang e Yin com os acupontos de abertura e acoplado.

|  | Yang |  |  | Yin |  |
| --- | --- | --- | --- | --- | --- |
| Canais curiosos | Acupontos de abertura | Acupontos do acoplado | Canais curiosos | Acupontos de abertura | Acupontos do acoplado |
| Yang wei | TA-5 | VB-41 | Yin wei | CS-6 | BP-4 |
| Yang qiao | B-62 | ID-3 | Yin qiao | R-6 | P-7 |
| Dai | VB-41 | TA-5 | Chong | BP-4 | CS-6 |
| Du | ID-3 | B-62 | Ren | P-7 | R-6 |

Então, na utilização do Fio Diodo no sistema de Canal Curioso, conecta-se o terminal vermelho no acuponto de abertura e o preto no seu acoplado. Caso não obtenha uma resposta adequada, deve-se inverter a polaridade, isto é, preto no acuponto de abertura e vermelho no acuponto do acoplado, ou senão reavaliar se a escolha do Canal Curioso foi correta.

Algumas vezes, apenas com inserção de agulhas nos acupontos de abertura e acupontos de acoplado, obtêm-se respostas terapêuticas satisfatórias. Nesse caso não há necessidade de conectar o Fio Diodo.

Apresentamos a seguir, em resumo, como se deve fazer o diagnóstico e a escolha dos pontos dos Canais Curiosos para o tratamento.

Em primeiro lugar devemos verificar se a patologia é Yang ou Yin. Se a patologia localiza-se na parte Yang do corpo como na face lateral e posterior da cabeça, face lateral e posterior do pescoço e ombro, dorso e membros, etc., deve-se considerar patologia Yang. Logo, os pontos a serem escolhidos são: ID-3 (Houxi), B-62 (Shenmai), TA-5 (Waiguan) e VB-41 (Zulinqi).

Se a patologia localiza-se na parte Yin do corpo, como na face, abdômen, na região anterior do tórax, face interna dos membros, etc., deve-se considerar patologia Yin. Logo os pontos a serem escolhidos são: P-7 (Lieque), R-6 (Zhaohai), CS-6 (Neiguan) e BP-4 (Gongsun).

Os Canais Curiosos estão agrupados em duplas e o tratamento é feito baseado nessas combinações:

## 1) COMBINAÇÃO DE YANG QIAO MAI COM DU MAI

**Indicações:** Cervicalgia, ombralgia, dorsalgia, lombalgia, insônia, patologias do ouvido, patologias da visão e patologias relacionadas com os Canais do Intestino Delgado e Bexiga.

**Técnica de tratamento:** Conectar o terminal vermelho do Fio Diodo no B-62 (Shenmai) e o terminal preto no ID-3 (Houxi). O tempo de indução deve ser de 10 a 15 minutos.

## 2) COMBINAÇÃO DE YIN QIAO MAI COM REN MAI

**Indicações:** Gastralgia, náusea, vômito, diarréia, constipação, plenitude gástrica, patologias da Bexiga, climatério, hemorróida, prolapso retal, bronquite, etc.

**Técnica de tratamento:** Conectar o terminal vermelho do Fio Diodo no P-7 (Lieque) e o terminal preto no R-6 (Zhaohai).

## 3) COMBINAÇÃO DE CHONG MAI COM YIN WEI MAI

**Indicações:** Alterações cardíacas (como arritmia cardíaca, bradicardia, taquicardia, etc.), alterações do sistema digestivo (como náuseas, vômitos, eructações, flatulência, gastrite, úlceras gástricas, anorexia, etc.), hemorróida, prolapso retal, climatério, dismenorréia e patologias relacionadas com os Canais do Baço e Circulação-Sexo.

**Técnica de tratamento:** Conectar o terminal vermelho do Fio Diodo no BP-4 (Gongsun) e o terminal preto no CS-6 (Neiguan).

## 4) COMBINAÇÃO DE DAI MAI COM YANG WEI MAI

**Indicações:** Patologias do olho, do ouvido, doenças de Menière, cefaléia, tontura e sintomas localizados na face lateral do corpo.

**Técnica de tratamento:** Conectar o terminal vermelho do diodo no VB-34 (Yanglingquan) e o terminal preto no TA-5 (Waiguan).

Estes esquemas de combinações são os mais utilizados. Porém, podem ser modificados de acordo com o diagnóstico e a evolução da doença no decorrer dos tratamentos. A regra geral é tratar os pontos homolateral, ou seja, do mesmo lado dos sintomas. Isso vale também para os Canais Distintos.

# Casos Clínicos

1) Paciente T.C.S., feminino, 53 anos, com queixa de cervicalgia ao nível do Canal Principal da Vesícula Biliar bilateralmente, há mais de uma semana. A paciente também relatou que sente uma sensação de "gosto amargo" na boca pela manhã. A cervicalgia ao nível do Canal Principal da Vesícula Biliar, com sensação de "gosto amargo" na boca, com hemicrania, leva-nos a concluir que há o comprometimento do Canal Distinto da dupla Vesícula Biliar e Fígado. Foram escolhidos o ponto de reunião VB-1 (Tongziliao) e os pontos VB-34 (Yanglingquan) e F-8 (Ququan), e uma vez inseridas as agulhas nesses pontos, foi conectado um fio duplo com um terminal preto (positivo) no ponto VB-1 (Tongziliao) e os dois terminais vermelhos (negativos) nos pontos VB-34 (Yanglingquan) e F-8 (Ququan), respectivamente. Após 15 minutos a paciente sentiu-se totalmente aliviada. Não foi realizado nenhum outro tratamento. Reavaliada após três semanas, a paciente estava totalmente sem dor (T.I.)*.

2) A.O., feminino, 65 anos, com queixa de calcanealgia direita, com dor mais intensa na face medial, afetando o Canal Principal do Rim. A radiografia mostrou "Esporão do Calcâneo". Foi inserida uma agulha (0,20 mm x 30 mm) no ponto mais doloroso (Ashi) e uma outra agulha no R-10 (Yingu). A conexão do Fio Diodo simples foi baseada no sistema de Canais Principais, conectando o terminal preto (positivo) no ponto doloroso do calcâneo (Ashi) e o terminal vermelho (negativo) no ponto R-10 (Yingu). O alívio foi imediato. Foi reavaliada após duas semanas e a paciente relatou uma melhora em mais de 50% (T.I.).

---

* Abreviatura dos autores.

3) A.M.O., masculino, 50 anos, com queixa de dor lombar intensa com irradiação para membros inferiores. A Ressonância Nuclear Magnética da coluna lombo sacra mostrou protrusão discal entre $L_5$-$S_1$. Na lombalgia intensa com o comprometimento do segmento $L_5$-$S_1$ com o período de exacerbação e acalmia, deve-se escolher o Canal Distinto da Bexiga e Rins. Foram escolhidos os pontos de reunião B-10 (Tianzhu), pontos dolorosos (Ashi) da região lombar e pontos B-40 (Weizhong) ou R-10 (Yingu) no membro inferior. Após a inserção de agulhas nesses pontos, foram conectados Fio Diodo duplo com dois terminais pretos (positivos) no B-10 (Tianzhu) e ponto doloroso (Ashi) da região lombar, respectivamente, e o terminal vermelho (negativo) no B-40 (Weizhong) ou R-10 (Yingu). Após 10 a 15 minutos houve muita melhora. Foi realizado também um tratamento com Acupuntura Sistêmica. Reavaliado após uma semana o paciente relatou muita melhora (T.I.).

4) Paciente N.T.O., feminino, com 72 anos de idade, apareceu com queixa de dor no joelho direito, com duração de mais de 15 dias. A dor era em conseqüência de queda, mais na região patelar, com hematoma e sem fratura. Não melhorava com analgésicos e antiinflamatórios não hormonais. Foi escolhido, para o tratamento, o esquema de ligação ou conexão do Fio Diodo no sistema de Canal Principal, seguindo simplesmente o sentido da circulação de *Qi*, ao invés de seguir a regra citada anteriormente como: terminal preto no Yang da mão e terminal vermelho no Yang do pé. Foi inserida uma agulha no IG-4 (Hegu) direito e uma agulha no BP-6 (Sanyinjiao) direito. Após a inserção das agulhas, foi conectado o terminal preto (positivo) do Fio Diodo Simples no IG-4 (Hegu) e o terminal vermelho (negativo) no BP-6 (Sanyinjiao). Após 15 minutos a paciente relatou alívio total (T.I.).

5) Paciente S.S.R., masculino, com 44 anos de idade, apareceu com queixa de dor no joelho esquerdo com duração de uma semana. A dor era em conseqüência de duas contusões sucessivas na região patelar em pouco espaço de tempo (um dia). Foi escolhido, para o tratamento, um esquema de ligação do Fio Diodo, simplesmente inserindo agulha sobre o Canal Principal do Estômago, no ponto E-41 (Jiexi) e no ponto *Ashi* do joelho esquerdo, uma vez que a lesão estava sobre o referido Canal. Após a inserção das agulhas foi conectado o terminal vermelho no ponto E-41 (Jiexi) e o terminal preto no ponto *Ashi*. O paciente sentiu alívio imediato e conseguiu realizar flexão e extensão do joelho, após 15 minutos. Reavaliado após um mês, o paciente estava totalmente sem dor (R.Y.T.).

**Nota:** Em casos de lesões teciduais provocadas por traumas, existe sempre um processo natural de regeneração ou resolução. A técnica do "Bombeamento Iônico" pode acelerar esse processo de cura.

6) L.P.B.S., 30 anos, masculino, apresentou queixa de dor em região inguinal direita com irradiação para o testículo há dois meses. Relata que iniciou subitamente, sem história anterior de trauma, com uma intensidade moderada e que nos últimos dias vem intensificando a dor, aumentando a sensibilidade na região e uma sensação de "choque" que inicia na região inguinal e irradia para o testículo. A dor piora com o esforço físico e melhora discretamente com o repouso. Procurou um Urologista na segunda semana após o início dos sintomas que examinou e solicitou exames (Ultra-sonografia das vias urinárias e Tomografia Computadorizada) e os resultados foram todos normais; foi prescrito antiinflamatório sem melhora da sintomatologia. Iniciou o tratamento com Acupuntura em outubro de 2001 e foi utilizado o método Manaka, ligando o fio duplo com ponta preta nos pontos: BP-13 (Fushe) e F-13 (Zhangmen) e a outra ponta vermelha no BP-6 (Sanyinjiao). A melhora ocorreu após a terceira sessão com o desaparecimento completo da dor. Reavaliado após dois anos, o paciente nunca mais sentiu a referida dor (A.M.Y.).

7) P.F.N., 47 anos, masculino, apresentou queixa de dor localizada na região lateral da perna esquerda, próximo ao tornozelo há seis meses. Dor tipo agulhada em forte intensidade que piorava com a deambulação intensa ou se permanecesse em posição ortostática. Não melhorava com outros tratamentos. Procurou um Ortopedista que realizou exames de Raio X e Ressonância Nuclear Magnética, com resultados normais e prescreveu antiinflamatório (Voltaren) sem melhora da dor. Foi utilizada a técnica de "Bombeamento Iônico" de Dr. Manaka, colocando os dois terminais pretos no local da dor e aproximadamente no VB-39 (Xuanzhong) e o outro terminal vermelho no VB-34 (Yanglingquan). Após quatro sessões semanais seguidas, houve uma melhora total da sintomatologia (A.M.Y.).

8) A.P.B., 43 anos, feminino, apresentou queixa de dor no pé esquerdo na região dorsal entre o quarto e quinto metatarsos, dor aguda, de forte intensidade, sem irradiação e com piora ao caminhar. É uma dor quase que diária. Relata que sente esta dor desde adolescente. Realizou diversos tratamentos ortopédicos e exames com Raio X e Resso-

nância Nuclear Magnética, sem nenhuma alteração no local. Foi utilizada a técnica de "Bombeamento Iônico" de Dr. Manaka, colocando os dois terminais pretos nos pontos VB-43 (Xiaxi) e VB-42 (Diwuhui) e o outro terminal vermelho no ponto TA-3 (Zhongzhu). Após oito sessões semanais, houve uma melhora total da sintomatologia (R.Y.T.).

9) A.A.P.N., 40 anos, masculino, dor aguda em região occipital atingindo toda a área da coluna cervical inferior há um dia. Paciente refere que amanheceu com dor em região cervical, de forte intensidade, sem sintomatologia de formigamento ou amortecimentos dos braços e das mãos. Relata uma sensação de dor em peso no local que dificulta a movimentação do pescoço. Na noite anterior teve uma grande discussão na família, ficou muito nervoso, percebeu que o coração disparou (SIC) e sentiu discreta dor no peito. Foi utilizada a técnica de "Bombeamento Iônico" de Dr. Manaka, colocando os dois terminais pretos nos pontos B-10 (Tianzhu) e o outro terminal vermelho no B-40 (Weizhong). Após a primeira sessão o paciente referiu uma melhora de 70% e na segunda aplicação a dor desapareceu (A.M.Y.).

10) C.A., 65 anos, masculino, apresentou queixa de afonia que surgiu após a cirurgia da obstrução da artéria carótida realizada há seis meses. A afonia era uma complicação em conseqüência da paralisia da corda vocal esquerda, provavelmente causada pela manipulação do nervo recurrente. O paciente vinha realizando um tratamento com Fonoaudiologia, porém sem melhora. Foram escolhidos os pontos próximo à garganta como o E-9 (Renying) e E-12 (Quepen) no lado esquerdo, onde foram conectados o terminal vermelho do Fio Diodo (o vermelho é indicado para paralisia) e IG-4 (Hegu) no lado esquerdo, onde foi conectado o terminal preto do Fio Diodo. Portanto, foi utilizado o sexto par ou sexta confluência do Canal Distinto e após 20 minutos de indução foram retiradas as agulhas e houve reaparecimento da voz. O efeito do tratamento durou dois a três dias, após este período houve a recidiva da afonia. Foram realizados um total de três sessões (uma sessão por semana) e após as quais a recuperação foi total (T.J.). Este foi o primeiro caso clínico de resultado surpreendente com a utilização do "Bombeamento Iônico" de Dr. Manaka. Há cinco anos o paciente continua retornando esporadicamente para o tratamento de outras queixas. Quanto à afonia nunca mais teve recaída (T.J.).

11) L.C.J., 45 anos, masculino, apareceu com queixa de afonia que teve início há quatro meses, após ser submetido a tireoidectomia. A afonia era uma complicação em conseqüência de paralisia das cordas vocais, provavelmente pela manipulação do nervo recurrente. O paciente sendo consultor e professor, a sua atividade profissional estava interrompida, pois era incapaz de falar mais que cinco minutos. Após a primeira sessão o paciente conseguia falar por 30 minutos. Os pontos escolhidos são E-9 (Renying), E-12 (Quepen), IG-4 (Hegu) e E-36 (Zusanli). Neste caso foram utilizados pontos bilaterais, conectando o terminal vermelho do Fio Diodo nos pontos E-9 (Renying), E-12 (Quepen) e o terminal preto no IG-4 (Hegu). A melhora surgia gradativamente, a cada sessão (efeito acumulativo) e após quatro sessões o paciente retornou à sua atividade profissional, sem intercorrência (T.J.).

**Nota:** Não espere a "cura" com um único tratamento e muito menos o desaparecimento de todos os sintomas com uma única sessão. Nenhuma técnica de tratamento, por si só, é totalmente eficaz. O ideal é realizar um tratamento integrado, associando pelo menos duas ou três técnicas de tratamento, de acordo com o caso clínico e a experiência profissional de cada um. Assim, se o tratamento pelo "Bombeamento Iônico" falhar, procure outras técnicas terapêuticas que possam beneficiar o paciente, como a técnica do "Yamamoto New Scalp Acupunture" (YNSA), Auriculoterapia, Acupuntura Segmentar, não esquecendo a valiosa Acupuntura Tradicional Chinesa, baseada em Correspondência Sistemática e a Teoria das Cinco Fases.

Segundo YAMAMURA & TABOSA (2000), pode haver em alguns casos o comprometimento de mais de um Canal Distinto, portanto há casos em que é necessário tratar dois ou mais Canais Distintos afetados ao mesmo tempo.

**Abreviaturas:**
T.I. - Tetsuo Inada.
T.J. - Takashi Jojima
R.Y.T. - Ruy Yukimatsu Tanigawa
A.M.Y. - Alexandre Massao Yoshizumi

# *Comentários*

Nos dois casos de afonia com a paralisia das cordas vocais foram surpreendentes os efeitos da Acupuntura associada à técnica de "Bombeamento Iônico" de Dr. Manaka na recuperação de voz. Fica uma dúvida, se não tivesse utilizado a técnica de "Bombeamento Iônico" e se tivesse feito, simplesmente, a estimulação dos referidos pontos, somente com agulhamento seco, será que teria o mesmo resultado? Se tivesse escolhido outro esquema de ligação teria o mesmo resultado? (T.J.).

Poderia ter experimentado primeiro a estimulação dos referidos pontos somente com agulhamento seco e avaliado o seu resultado, para em seguida conectar os terminais do Fio Diodo e reavaliar o resultado, o que normalmente na prática acaba não realizando. A estimulação dos referidos pontos somente com a agulha dá bons resultados, o que poderá ser complementado ou potencializado com a conexão do Fio Diodo (T.I.).

Nos dois casos de paralisia das cordas vocais foram selecionados o sexto par ou sexta confluência do Canal Distinto, pelos seguintes motivos:
a) os pontos E-9 (Renying) e E-12 (Quepen) a serem conectados com terminal vermelho (para paralisia) estão nas proximidades das cordas vocais;
b) o IG-4 (Hegu) é o ponto que tem maior influência na face e pescoço (T.J.).

Nos casos de algias tenho notado evidência da melhora com o uso de Fio Diodo. Por exemplo, a tendinite causada por trauma com sinais de distrofia reflexa simpática e nos casos de entorse do tornozelo tenho utilizado os pontos VB-40 (Qiuxu) e B-62 (Shenmai), conectando o terminal preto do Fio Diodo e alternando com VB-34 (Yanglingquan) e VB-41 (Zulinqi), conectando o terminal vermelho (T.J.).

Nos casos de discopatia cervical e lombar tenho utilizado os pontos "Jiaji" do segmento afetado, conectando o terminal preto do Fio Diodo e na outra extremidade conectando o terminal vermelho, como por exemplo, B-40 (Weizhong) ou outro ponto do Canal Principal da Bexiga ou dos Rins (T.J.).

Em relação à coluna, a dor é causada principalmente pela degeneração do disco intervertebral.

Quanto à etiologia de alteração discal gostaria de apresentar o meu ponto de vista: A discopatia mais freqüente na coluna cervical é encontrada entre C-5 e C-6 e entre C-6 e C-7, de onde originam os principais ramos nervosos que compõem o plexo braquial (T.J.).

Na região lombar a discopatia mais freqüente encontra-se entre L-4 e L-5, L-5 e S-1, e mais raro entre L-3 e L-4, que são segmentos de onde emergem os principais ramos que compõem o plexo lombo-sacral. Essas teorias, de fato, são conhecidas por todos nós, porém em relação à etiologia, existem várias hipóteses, mas nenhuma delas satisfaz plenamente. Há pacientes portadores de escoliose onde a curvatura chega de 40° até 90° e nesses casos, observando à Ressonância Magnética, nem sempre há sinais evidentes de desgaste do disco no ápice da curvatura (T.J.). Há teoria que sustenta que a pressão exercida no ápice da curvatura cervical e lombar, é responsável pelo desgaste da estrutura discal. Mas nós freqüentemente encontramos patologia discal entre C-5 e C-6 nos casos em que não há curvatura, ou nos casos de retificação e até inversão da curvatura fisiológica, tanto da região cervical, como da lombar. A teoria que sustenta a maior mobilidade da região cervical e lombar como responsável pelo desgaste discal, também não explica plenamente o desgaste, uma vez que a mobilidade desses segmentos é a somatória de todas as vértebras proporcionalmente.

A Medicina Energética, Medicina Chinesa que sustenta a teoria de desequilíbrio energético causando o distúrbio funcional e este último levando a alteração estrutural, de acordo com a circulação energética nos canais e pontos de Acupuntura, também não explica plenamente o aparecimento de desgaste discal, pois de acordo com esta teoria deveria aparecer desgastes discais ao nível dos pontos Shu dorsais, à medida que aparece e persiste o desequilíbrio energético de órgãos ou vísceras, o que não é observado na prática. Até hoje, nunca presenciei um caso de cirurgia de hérnia discal na região dorsal, onde predomina os pontos Shu dorsais (T.J.).

Outro exemplo é o ponto VG-14 (Dazhui) onde reúne todos os canais Yang, deveria ocorrer o processo de desgaste, porém não é habitual o aparecimento de processo degenerativo discal (T.J.).

Então, qual seria a hipótese sobre a fisiopatologia ou etiopatogenia do processo degenerativo dos segmentos C5-C6, C6-C7, L4-L5, L5-S1, segmentos de onde emergem os principais ramos que comandam os membros superiores e inferiores? O uso excessivo destes, a tensão constante deve gerar alteração da polaridade com acúmulo de íons positivos ou falta de íons negativos, causando desgaste da estrutura. Sendo assim, a utilização do Fio Diodo poderá ser o recurso válido para prevenção e tratamento do processo degenerativo (T.J.).

Teoricamente o processo degenerativo músculo-esquelético, ósteo-articular e desgaste do disco intervertebral é decorrente de muitos fatores como trauma, constituição mecânico-posturais, metabólicas, infecciosas, etc.

O homem, ao se tornar bípede adquiriu a posição ereta e a coluna vertebral passou por transformações músculo-esqueléticas e assumiu o ônus pelo aparecimento de curvaturas anormais como cifo-escolioses. Segundo a Medicina Chinesa, as alterações músculo-esqueléticas deve-se ao distúrbio do Rim, Fígado e Baço (T.I.).

Os fatores mecânico-posturais, em parte explica o aparecimento freqüente de discopatias, como protrusão discal e hérnia discal, em certas raças de cães que apresentam coluna vertebral longa. A displasia coxo-femural presente em certas raças caninas já tem um caráter genético passado de gerações a gerações, o que, pela Medicina Chinesa deve-se ao distúrbio da energia ancestral que é comandada pelos Rins. Analisando os distúrbios da coluna vertebral em quadrúpedes, o fato de ser bípede não explica totalmente as transformações músculo-esqueléticas (T.I.).

O processo degenerativo da coluna vertebral e de outras articulações sustentadas pelos ligamentos, tendões e músculos é multifatorial (constituição fraca herdada, traumas, metabólicas, uso excessivo, mecânico-posturais, movimentos repetitivos, tensões constantes, etc.) que resultam em uma lesão tecidual com liberação de íons $K^+$, $Na^+$, $Ca^{++}$, substâncias algogênicas como bradicinina, substância P, leucotrienos, prostaglandinas, etc., que sensibilizam as fibras nervosas nociceptivas A-delta (Grupo III) e fibras nervosas nociceptivas polimodais C (Grupo IV) e tornam-os eletricamente ativos, segundo MENSE (1977) citado por BALDRY (1993). A utilização do Fio Diodo neutraliza as cargas elétricas positivas resultantes da liberação de íon $K^+$ e $Na^+$ da membrana celular destruída e provavelmente impede a evolução do processo inflamatório e deve retardar a reação do processo degenerativo (T.I.).

Mas acredito que o efeito do Fio Diodo não resume somente na neutralização de cargas elétricas estáticas do corpo, devendo também atuar na regulação ou melhor condução de *Qi* através dos Canais de Energia (T.I.).

## SE A TÉCNICA DE "BOMBEAMENTO IÔNICO" NÃO FUNCIONAR, O QUE FAZER?

1. Reavaliar se a patologia tem indicação para ser tratada com Acupuntura.

2. Verificar a integridade do Fio Diodo, realizando teste com o Multímetro na escala de Ohmímetro.

3. Investigar se a escolha dos Canais de Energia (Canal Principal, Canal Curioso e Canal Distinto) para o tratamento foram corretos. Por exemplo: numa cervicalgia intermitente com alterações emocionais como ansiedade, foi escolhido para o tratamento o 1º par de confluência Bexiga e Rins, com o qual não obteve resultado. Após uma reavaliação, foi constatado que o 4º par de confluência Intestino Delgado e Coração é que estava comprometido. Ao conectar o Fio Diodo nos pontos divergentes e ponto de reunião desses Canais, a dor aliviou bastante. Às vezes, mais de um par de confluência está afetado, conforme YAMAMURA & TABOSA (2000), então, deve-se tratar os dois.

4. Verificar se a polaridade da conexão do Fio Diodo no Sistema de Canais foi correta. Caso não, inverter a conexão dos terminais do Fio Diodo. Essa inversão é aconselhada por MANAKA *et al.* (1995), quando ocorre insucesso na conexão do Fio Diodo no sistema de Canais Curiosos.

5. Observar se o tempo de indução foi suficiente, examinando a sensibilidade ou a reação abdominal pela palpação, recomendado por MANAKA *et al.* (1995).

6. Se depois de verificar todos os itens anteriores e não obter resultado, não insistir, procure reavaliar o diagnóstico e o procedimento terapêutico. Mais uma vez lembrando: não espere a "cura" com um único tratamento e muito menos o desaparecimento de todos os sintomas com apenas uma única sessão.

# Referências Bibliográficas

1. AMESTOY, R. D. F. *Eletroterapia e Eletroacupuntura: Princípios básicos... e algo mais.* Florianópolis: Bristot, 1998.

2. BIRCH, S. J.; FELT, L. R. *Entendendo a Acupuntura.* São Paulo: Roca, 2002.

3. BOYLESTAD, R.; NASHELSKY, L. *Dispositivo eletrônico e teoria dos circuitos.* Rio de Janeiro: Prentice-Hall do Brasil, 1994.

4. COSTA, R. *Eletroacupuntura e outros recursos eletro-eletrônicos aplicáveis à medicina chinesa.* São Paulo: Plêiade, 2002.

5. ERNST, E.; WHITE, A. *Acupuntura. Uma avaliação científica.* São Paulo: Manole, 2001.

6. FILSHIE, J.; WHITE, A. *Acupuntura médica. Um enfoque científico do ponto de vista ocidental.* São Paulo: Roca, 2002.

7. GARCIA, E. G. *Auriculoterapia.* São Paulo: Roca, 1999.

8. HE, H. Y.; NE, Z. B.; KAUFMAN, D. *Teoria básica de Medicina Tradicional Chinesa.* São Paulo, Atheneu, 1999.

9. HOGA, T. *Agulha de contato para Acupuntura do Século XXI.* São Paulo: Robe, 1999.

10. MANAKA, Y.; ITAYA, K.; BIRCH, S. *Chasing the dragon's tail.* Massachusetts: Paradgm, 1986.

11. MREJEN, D. *Acupuntura em Reumatologia.* São Paulo, André, 1978.

12. NGUYEN, V. N. *Patogenia y patologia energéticas em Medicina Chinesa. Tratamiento por Acupuntura y masajes.* Madrid: Cabal, 1981. v. I e II.

13. PEREZ, A. C. N. *Acupuntura, fundamentos de bioenergética*. Madrid: Mandala, 1993.

14. RISCH, H. *Noções básicas de Acupuntura*. São Paulo: Andrei, 1978.

15. SILVA, M. F. A.; BOTELHO, R. P.; SILVA, R. S.; INADA, T.; BOTELHO, G. G.; COUTO, A. L. G.; SOARES, D. J. Influência do ponto BP-10 (Xuehai) sobre a hemostasia no cão (*Canis familiaris*). *Revista Paulista de Acupuntura*, v. 6, p. 73-77, 2000.

16. SOLINAS, H.; MAINVILLE, L.; AUTEROCHE, B. *Atlas de Acupuntura Chinesa. Meridianos e colaterais*. São Paulo: Andrei, 2000.

17. WONG, M. *Ling-Shu. Base da Acupuntura Tradicional Chinesa*. São Paulo: Andrei, 1995.

18. YAMAMURA, Y. *Acupuntura Tradicional. A arte de inserir*. São Paulo: Roca, 1998.

19. YAMAMURA, Y.; TABOSA, A. A Nova concepção de Canais de Energia Distintos (Meridianos Distintos). *Revista Paulista de Acupuntura*, v. 6, p. 17-20, 2000.

# Conheça mais publicações da Ícone Editora:

**ACUPUNTURA FÁCIL DE ENTENDER**
Jorge Jodi Murata

ISBN 978-85-274-1127-1
17 × 24 cm
72 páginas

• Hereditariedade – podemos nascer com problemas, ou ainda o desenvolvimento das doenças privilegiam os locais onde hereditariamente somos mais frágeis.
• Alimentação – toda nossa energia para nos defender das doenças depende do alimento que ingerimos.
• As emoções – os nossos órgãos, através dos alimentos, produzem sangue e energia e nos mantêm saudáveis, quem prejudica o seu funcionamento são os problemas emocionais. Para o tratamento, usamos os pontos para estimular o funcionamento dos órgãos e pontos para acalmar a mente.

**INTRODUÇÃO À ACUPUNTURA – 2ª EDIÇÃO**
Hiderato Mori

ISBN 978-85-274-0282-8
18 × 26,5 cm
168 páginas

O Dr. Hiderato Mori, vice-presidente da Associação de Acupuntura e Moxabustão do Japão, é um dos mais conhecidos e internacionalmente admirados especialistas nesta arte, milenar, de eliminar o sofrimento, a dor e as afecções do ser humano. Neste livro, Mori oferece quase cinquenta anos de pesquisa e experiência clínica, condensando, em 80 pontos principais de acupuntura, as informações fundamentais ao atendimento das necessidades diárias do consultório e à formação básica do aprendiz; as técnicas de inserção; a escolha da prática mais eficaz, caso a caso, na obtenção dos melhores resultados terapêuticos.

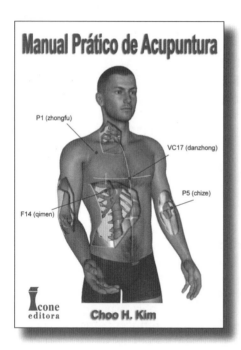

## MANUAL PRÁTICO DE ACUPUNTURA
**Choo H. Kim**

ISBN 978-85-274-1195-0
10 × 14 cm – Em cores
200 páginas

Para ser um bom acupunturista, deve-se conhecer bem as funções de cada ponto de acupuntura, e também suas localizações. Na prática clínica, muitas vezes necessitamos de um pequeno e simples manual, somente para relembrar os pontos que desejamos utilizar. Isto porque, na grande maioria das vezes, o acupunturista já conhece as funções dos pontos, mas tem dúvidas quanto a sua localização ou vice-versa. Este Manual foi elaborado para auxiliar os acupunturistas, desde os iniciantes até os experientes. Todos os 361 pontos de 14 meridianos foram sinalizados com a maior precisão possível no modelo de anatomia humana em 3D. E também foram colocadas as principais funções de cada ponto.

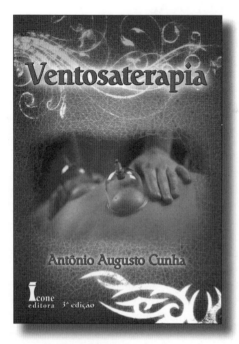

## VENTOSATERAPIA – 3ª EDIÇÃO
**Antônio Augusto Cunha**

ISBN 978-85-274-0398-6
18 × 26,5 cm
120 páginas

O uso da ventosaterapia e do sangramento se perde na história, mas é interessante conhecer a situação social desta época muito particular da história da medicina. Entre várias terapêuticas antigas estava o método da ventosaterapia e sangramento. Não sabemos quem as criou, mas são o fruto de uma época de descobertas e de trocas de cultura entre os povos. A ventosaterapia não é um remédio e sim um método terapêutico essencialmente preventivo assim como a acupuntura convencional.

**Conheça mais em: www.iconeeditora.com.br**